KB078940

사적인 명화들

이진이 지음

그림 속
숨겨진 이야기를 찾아서

◈ 프롤로그

일고여덟 살 정도 되었을까, 인상주의 그림 앞에 도토리만 한 아이들이 모여있다. 목소리를 낮추어 가만가만 제 생각을 속삭이고, 조그마한 스케치북에 사각사각 연필 소리를 내며 작은 배나 우산 따위를 따라 그린다. 짙은 회색 벽에 걸린 회화보다 꼼지락거리는 그 손가락에 자꾸만 눈길이 간다. 그즈음의 나는 105cm를 갓 넘긴 작은 체구의 아이였다. 미술관에 갈 때면 말하고 싶은 게 뭐가 그리도 많았는지 선생님의 손을 붙들고 한참을 조잘거리곤 했다.

미술관, 박물관, 문학관 등, 각종 '관'으로 끝나는 장소는 늘 여행의 주요 목적지다. 미술을 전공한 연유도 있지만, 원체 정중한 장소에 어려있는 작가의 성취를 좇는 걸 좋아한다. 어쩌면 흔적만 남은 이들과 마주 서서 무언의 대화를 나누는 것을 좋아하는지도 모른다. 미술관에서의 첫 느낌은 역설적이다. 설레면서 골치 아프다. 문화를 향유하러 왔는데, 작품을 온전히 이해해야 한다는 부담감이 스멀스멀 기어 나온다. 간혹 바로 앞에 전시된 명작이 아득한 존재로 다가올 때도 있다. 사실 예술에 거리감을 느끼는 것은 당연한 일이다. 생경한 풍경과 오래된 역사, 낯선 신앙이 가득한 탓이다. 그 세계로 스며들지 못하면 작품은 단지 수수께끼 같은 대상으로 규정된다. 그래서 직접 가보기로 했다. 가벼운 가방에 두 대의 카메라를 챙겨 들었다. 예술가들이 걸었던 길을 걷고, 그들이 눈에 담았던 풍경을 포착하였다. 틈틈이 노트북을 펼쳐 마주한 장면을 써 내려갔다. 무수히 찍고 미련 없이 지우는 디지털 카메라의 사진처럼 유용한 글을 쓰고자 했다. 더불어 서른여섯 번 고민하며 찰나를 기록하고, 며칠 동안 현상을 기다려야 하는 필름 카메라의 두근거림도 문장에 담기기를 바랐다.

미술 감상은 자신과 타인의 삶을 포용하는 하나의 방법이다. 예술가는 말하고자 하는 바, 혹은 던지고 싶은 질문을 주변 환경에서 발견하고, 이를 주관적인 미로 표현하는 사람이다. 작업은 그들이 살아온 생의 흔적 그 자체이기에, 자연히 그 안에 작가의 모든 것이 녹아 있다. 반면에 감상자는 창작물에 내재한 아름다움을 찾으며 생소한 몰입을 경험하고, 신선한 시각으로 본인의 일상을 되돌아보거나 변화시키는 사람이다. 이러한 미적 체험에 역사적, 사회적, 미술사적 정보가 덧붙여진다면, 그 시간은 한층 다채로워진다. 생각 끝에 오 년간 쓴 글을 엮기 시작했다.

《사적인 명화들》에는 이탈리아와 바티칸 시국, 네덜란드, 프랑스, 그리고 미국에서 만난 거장 열세 명의 이야기가 담겨있다. 르네상스부터 야수주의까지 한 번쯤 들어봤을 회화 걸작을 중심으로, 화폭에 만연한 소소하지만 흥미로운 내용을 녹였다. 비록 시대의 간극을 완전히 뛰어넘지는 못해도, 이 책을 통해 예술과 우리의 거리가 가까워 지기를, 자신과 타인의 삶을 이해하는 데 도움이 되기를 바란다.

'회자(膾炙)'라는 낱말이 있다. 흔히 동사 '회자되다'로 쓰이는 명사다. 단어는 근사한 뜻을 가졌다. '회와 구운 고기', 맛깔스러운 음식의 나열이다. 단편적인 설명이 투박하게 인식되었는지, '칭찬을 받으며 사람의 입에 자주 오르내림을 이르는 말'이란 의미를 더했다. 진진한 먹을거리를 앞에 둔 이들의 숟가락이 줄곧 오르락내리락 하니, 별난 말도 아니다. 지금부터 '서양미술사'라는 식탁에 오른 절가한 풍미를 음미하려 한다. 선생님의 손을 잡고 소곤대던 작은 체구의 어린 아이보다는 조금 성장한 모습으로 당신께 노닥거리려 한다.

저자. **이진이**

차례

I

보티첼리
찬연히 피어오른 피렌체의 봄꽃

미는 예술의 궁극적 원리이며 최고의 목적이다.

요한 볼프강 폰 괴테(Johann Wolfgang von Goethe)

르네상스,
그 찬란한 시대로

　보티첼리, 다 빈치, 미켈란젤로, 그리고 라파엘로. 모두가 입을 모아 천재라 칭하는 거장들은 비슷한 시기에 등장했다. 바로 르네상스 시대다. 14-16세기에 걸쳐 일어난 르네상스는 프랑스어에서 유래했는데, '다시 태어나다'라는 뜻의 부활이나 재생을 의미한다. 이때를 기점으로 서구사회는 인간을 중심으로 두는 사상이 대두되었다. 또한, 이전까지의 그림이 건축에 종속되어 있었다면, 르네상스에 이르러서는 비로소 건축, 조각, 회화의 세 장르가 독자적인 위치를 갖게 되었다. 격동적인 변화의 파도에 수많은 천재가 밀려 나온 것은 이상한 일도 아니었다. 게다가 르네상스 화가들은 자신만의 예술 창작을 위해 각고의 노력을 하였다. 그들은 사회적인 고난과 개인적인 어려움 속에서 저마다의 길을 닦았고, 그 길을 따라 꿋꿋이 걸어 나갔다. 이제 그들의 발자취를 더듬어 걸어보려 한다. 첫 시작은 산드로 보티첼리 Sandro Botticelli 다.

붓으로 시를 쓴 화가,
보티첼리를 만나다
#이탈리아 피렌체

몇 해 전, 이탈리아로 여행을 떠났다. 로마에서 출발해 피렌체에 머물며 주변 소도시를 유람하고, 마지막으로 밀라노를 방문하는 긴 여정이었다. 여행의 목적은 분명했다. 르네상스 작가들의 흔적을 좇는 것. 그중 가장 오랜 시간을 보낸 장소는 피렌체였다. 브루넬레스키 Filippo Brunelleschi (1377-1446)의 두오모와 단테의 집, 그리고 피렌체 아카데미. 도시 전체가 예술 작품이라 할 수 있는 피렌체에서는 아무리 오랜 시간을 보내도 부족했다. 아르노 강변에 위치한 우피치 미술관 역시 기대하던 곳 중 하나였다. 지도를 손에 쥐고, 명작 앞으로 거침없이 발길을 옮겼다. 항상 인파로 복작거리는 A 11-12 전시실, 보티첼리의 방이었다.

66 도시 전체가 예술 작품이라 할 수 있는 피렌체에서
여행자의 마음을 가장 들뜨게 했던 목적지는
아르노 강변에 위치한 우피치 미술관이었다. 99

보티첼리라 불리는 산드로 디 반니 필리페피 Sandro di Vanni Filipepi 는 1445년경 피렌체에서 태어났다. 우리가 익히 알고 있는 '보티첼리'란 별칭은 뚱뚱한 체구 탓에 보티첼로, 즉 작은 술통이라 불린 형 조반니의 별명에서 생겨났다. 사람들이 그의 형제들을 보티첼로의 복수형인 보티첼리라 부른 것이었다. 보티첼리는 어린 시절 금세공업자였던 형과 함께 일했고, 이후 미술에 뜻을 두며 필리포 리피 Filippo Lippi (c. 1406-1469), 안토니오 델 폴라이우올로 Antonio del Pollaiuolo (c. 1429/1433-1498), 안드레아 델 베로키오 Andrea del Verrocchio (c. 1435-1488) 아래에서 수련했다. 보티첼리는 인문주의 운동에도 열심이었다. 그는 플라톤 아카데미에 열정적으로 참여하면서 당대의 지식인은 물론 최고 권력자들과 친분을 맺었다. '위대한 자' 로렌초 데 메디치 Lorenzo de' Medici 'the Magnificent' (1449-1492)는 보티첼리의 재능을 단번에 알아보았고, 든든한 후원자가 되어 그의 실험적인 작업을 지지했다. 그는 사실적인 표현이나 서사에 초점을 맞춘 르네상스의 전형을 무시한 채, 미묘한 곡선과 시적인 고매함을 화면에 더욱 부각했다. 그의 독특한 양식은 〈라 프리마베라〉와 〈비너스의 탄생〉으로 절정에 달했다. 그러나 보티첼리의 전성기는 후원자 로렌초의 죽음과 동시에 막을 내렸다. 그는 말년에 단테 Dante Alighieri (c. 1265-1321)의 《신곡》(1308-1321) 삽화 작업에 전념하다가 1510년, 건강 악화로 세상을 떠났다.

피렌체의 권력자들
〈동방박사의 경배 Adoration of the Magi〉

〈동방박사의 경배〉는 보티첼리의 대표적인 초기작으로, 동방의 지체 높은 박사들이 아기 예수의 탄생에 경배를 드리는 성서의 한 장면이 담겨 있다. 특히 중앙에 높이 솟은 성모자를 둘러싼 채 이야기가 전개되는 구도 덕분에 아기 예수를 경배하는 상황이 마치 눈앞에서 펼쳐지는 듯하다. 이 광경은 화가 여럿이 다룬 유명한 내용이지만, 보티첼리 회화에 나타나는 조형적 특징은 다른 도상들과 확연히 다르다. 예를 들어, 동방박사 세 사람은 노인과 중년, 청년으로 설정되었고, 값비싼 털이 둘린 붉은 망토, 금으로 장식된 흰옷 등이 그들의 부와 지위를 드러낸다. 더불어 주변의 수행원은 동방박사의 풍요와 높은 신분에 설득력을 더한다. 보티첼리는 〈동방박사의 경배〉에 실존 인물을 그려 넣고, 시대상까지 더했다.

경배의 장에 모인 대부분은 당대 피렌체에서 저명한 인물이다. 화폭의 중심부에서 아기 예수의 발을 만지며 절하는 동방박사는 메디치 가문을 번성시킨 국부 코시모 Cosimo de' Medici 'Pater Patriae' (1389-1464)다. 제단 아래 무릎을 구부려 앉은 두 인물 또한 동방박사로, 그들은 코시모의 아들인 피에로 Piero di Cosimo de' Medici (1416-1469)와 조반니 Giovanni di Cosimo de' Medici (1421-1463)다. 당시 세 사람은 고인이었고, 이들의 뒤를 이어 피렌체를 실질적으로 통치하던 지도자는 코시모의 손자 로렌초였다.

동방박사의 경배
목판에 템페라. 134×111cm.
우피치 미술관 (1475-1476년경).

화려한 의복을 입은 그는 코시모의 등 뒤에서 묵묵히 경배의 순간을 바라본다. 반대편의 검은 옷을 입은 청년은 로렌초의 동생 줄리아노Giuliano de' Medici (1453-1478)다.

중개업자 가스파레 델 라마Gaspare di Zanobi del Lama는 산타 마리아 노벨라 성당에 마련한 본인의 장례 예배당을 단장하기 위해 보티첼리에게 이 그림을 주문했다. 당연히 의뢰인의 모습도 화면에 나온다. 오른편 허물어진 벽 아래 위치한 군중 사이에서, 백발의 가스파레는 하늘색 옷을 입고 앞을 응시하고 있다. 반면, 그의 반대편에 서 있는 검은 머리의 젊은 남자는 가스파레의 아들이다. 그는 아버지처럼 정면을 바라보며 자신의 얼굴을 비춘다. 관람자를 바라보는 이는 또 있다. 오른쪽 가장자리에 연한 갈색 옷을 입은 남자, 다름 아닌 화가 보티첼리다.

가스파레는 왜 메디치 가문의 선대 어른들을 영예로운 동방박사로 의뢰하고, 당대 실질적 통치자인 로렌초를 고귀한 자태로 표현하도록 청한 것일까. 어쩌면 당대 환전 길드에 가입하고 있던 가스파레가 가업의 사업 성공과 이익을 위한 목적을 품고, 작품을 통해 메디치 가문에 대한 충성을 피력하고자 했을지도 모른다.

꽃향기 그득한 황금시대
〈라 프리마베라 Spring〉

　　미술관에서 사람들이 웅게웅게 모인 곳으로 다가갔다. 과연 〈라 프리
마베라〉 앞이다. 봄을 의미하는 〈라 프리마베라〉는 메디치 가문에서 주문
한 보티첼리의 첫 대표작이다. 정경은 마냥 평화로워 보인다. 하지만 화면
뒤에는 피렌체의 정치적 싸움이 드리워져 있다. 1478년 4월, 파치가의 음
모 사건이 발생했다. 메디치가의 정적인 파치 가문에서 자객을 보내 대성
당에서 미사를 보던 로렌초와 줄리아노를 습격한 것이다. 다행히 로렌초
는 목숨을 건졌지만, 결국 동생 줄리아노는 사망했다. 메디치 가문은 가
만히 있을 수 없었다. 그들은 파치가를 포함한 그들의 정적을 피렌체에서
완전히 제거하며 정치적 안정을 되찾았다. 이후 보티첼리에게 〈라 프리마
베라〉를 의뢰했다. 그들은 그림으로 메디치 문중이 피렌체에서 정치적 기
반을 공고히 한 것에 대한 자신감을 표출하고, 나아가 새로운 세계가 도래
하고 있음을 알리고자 했다.

라 프리마베라
포플러에 템페라. 203×314cm.
우피치 미술관 (1480년경).

화폭에는 고대 신화의 중심인물이 줄지어 자리한다. 오른쪽 끝, 공중에 떠 있는 시퍼런 몸의 인물은 겨울을 상징하는 서풍 제피로스로, 요정 클로리스를 붙잡으려 한다. 요정은 서풍에게 잡히는 찰나에 꽃을 표상하는 플로라로 변신할 운명인데, 그 옆의 여인이 클로리스로 둔갑한 플로라다. 그녀는 꽃의 상징답게 화초로 장식한 드레스를 입고 동산에 꽃을 뿌린다. 한가운데 있는 여인은 사랑과 미의 여신 비너스다. 그녀는 다른 이들보다 약간 뒤쪽에서 고개를 갸우뚱한 채 정면을 향해 서 있다. 그녀의 위에 있는 아이는 비너스의 아들 큐피드로, 세속적 사랑의 신인 그는 눈을 가린 채 화살을 겨눈다. 화살촉 끝에는 손을 잡고 춤추는 비너스의 세 시녀, 삼미신이 있다. 삼미신은 고대 미술에 종종 다루어졌는데, 르네상스 시기에 다시 주목받으며 우아한 여인의 상 혹은 나체를 그리기 위한 소재로 활용되었다. 마지막으로, 왼쪽 구석에서 오렌지를 따고 있는 인물은 헤르메스다. 날개 달린 부츠를 신고 하늘을 날아다니며 사람들에게 소식을 전해주는 헤르메스는 상인들의 수호성인이기도 하다.

홍취가 일어난 공간에는 꽃이 만발했다. 보티첼리는 실존하는 꽃을 묘사하였고, 이에 상상의 꽃까지 더해 봄의 느낌을 함빡 담았다. 실제로 그림 속 꽃의 종류만 해도 190가지가 넘는다고 하니, 그 농농한 향이 캔버스 밖으로 전해오는 것도 같다. 꽃 천지는 일제히 기지개를 켜며 피렌체의 르네상스를 알린다.

〈라 프리마베라〉는 종교화가 아닌 고대 신화를 주제로 다루었다는 점에서 르네상스 회화의 폭을 넓혔다는 의의가 있다. 양식적 측면에서는 보티첼리가 곡선의 멋을 살린 특유의 스타일을 개척하고 있음을 보여주는 동시에 〈비너스의 탄생〉과 같은 일련의 그림을 예고했다.

아름다움의 시각화
〈비너스의 탄생 The Birth of Venus〉

보티첼리의 또 다른 유명한 작품은 고전기 신화를 다룬 〈비너스의 탄생〉이다. 이 회화는 당대 화단에 파격적인 놀라움을 선사했다. 중세 이래 이교도의 여신이 완전한 누드로 그려진 적은 없었기 때문이었다. 〈비너스의 탄생〉은 신플라톤주의 이념 아래 창작되었다. 신플라톤주의를 개척한 플로티노스 Plotinus (c. 204/5-270)는 이데아 세계의 궁극적인 원천인 '일자'(一者, the One)* 가 있다고 주장했다.

더불어 그는 문예의 중요성을 강조하며, 예술이 '일자'의 아름다움을 표현해야 한다고 믿었다. 플로티노스가 생각한 예술가는 이데아를 단순히 모방하는 것이 아니라 현실의 결핍을 채워 '일자'로 복귀하도록 이끄는 역할을 한다. 작품을 보고 '일자'의 미를 느끼면, 인간들이 물질로부터 정화되어 근원적 '일자'와 합일할 수 있다는 것이다. 보티첼리는 당대 유행하던 이 신플라톤주의 철학의 이론을 〈비너스의 탄생〉을 통해 구현하였다.

---

* '일자'란 이 세상의 모든 것이 비롯하며 궁극적으로 돌아가는 근원이다.

비너스의 탄생
캔버스에 템페라. 180×280cm.
우피치 미술관 (1485년경).

자식을 참혹하게 살해한 하늘의 신 우라노스에 분노한 아내이자 어머니인 대지의 신 가이아는 그녀의 또 다른 아들 크로노스에게 복수를 명령했다. 이에 크로노스는 아버지의 생식기를 잘라 바다에 버렸는데, 그 주위에 물거품이 생기며 한 사람이 태어났다. 바로 여신 비너스였다. 보티첼리는 고대 그리스 작가 호메로스 Hómēros (c. 750 BC)의 시에 근거하여, 비너스 '탄생의 순간'이 아닌 그녀가 키테라 섬에 도착하는 장면을 담았다. 비너스는 조개껍데기를 타고 해안에 다다른다. 왼쪽에서 서풍의 신 제피로스가 님프인 클로리스, 혹은 산들바람의 의인화인 아우라에게 안긴 채 바람을 불어 비너스를 힘껏 밀어준다. 이들 주변에는 사랑을 시사하는 분홍 장미꽃이 쏟아져 내린다. 반면에 오른쪽에는 은총의 여신 봄의 호라가 있다. 그녀는 데이지와 수레국화 등 봄꽃으로 수놓은 망토를 펼쳐 비너스에게 입힐 준비를 한다. 비너스는 오른손으로 가슴을 가리고, 왼손과 머리카락으로는 음부를 가리고 있다. 이러한 자세는 비너스 푸디카, 곧 '정숙한 비너스'라는 고전 조각의 특정 유형에서 기인했다.

〈비너스의 탄생〉은 보티첼리 특유의 부드러운 곡선과 섬세한 세부 묘사, 그리고 고상하고 기품 있는 여성상을 잘 보여주는 작품이다. 보티첼리의 비너스는 무척이나 고와서 우리는 그녀의 부자연스러운 인체 비율을 한눈에 알아채기 쉽지 않다. 그러나 자세히 살펴보면 비너스의 목이 지나치게 길고, 왼쪽 어깨의 기울어진 각도는 심하게 가파르며, 왼팔에서 손까지 이어지는 길이가 과하게 길쭉한 것을 알 수 있다. 더욱이 그녀의 신체에서 양감이나 무게가 거의 느껴지지 않는다. 보티첼리는 형상을 정확히 그리는 대신에 본인만의 미적 감각과 상상력을 발휘하였다. 그러나 그렇게 창조된 여인이 너무나도 아리따운 나머지, 후대 화가들은 이를 미인의 본보기로 여기기 시작했다.

보티첼리 그림에 등장하는 여인의 얼굴은 모두 비스름하다. 〈라 프리마베라〉의 플로라, 〈비너스의 탄생〉의 비너스, 〈찬가의 성모 Madonna of the Magnificat〉(1481)의 성모, 〈비너스와 마르스 Venus and Mars〉(c. 1485)의 비너스. 그녀들은 모두 금발, 곱슬머리, 갸름한 얼굴형, 진한 쌍꺼풀과 오뚝한 콧대, 얇은 입술, 뾰족한 턱, 긴 목, 그리고 호리호리한 몸매를 지녔다. 그야말로 경국지색이다. 사실 이 모든 여인은 한 사람, 시모네타 베스푸치 Simonetta Vespucci (1453-1476)로부터 비롯되었다.

제노바 출신인 시모네타는 피렌체에서 빠르게 인기를 끌었다. 대중은 그녀에게 이탈리아어로 '아름다움'을 뜻하는 별칭을 붙여 시모네타 라벨라 la bella Simonetta 라 불렀다. 많은 남성이 여인을 흠모하는 마당에 메디치 가문의 형제 로렌초와 줄리아노도 예외는 아니었다. 1475년 마상 창시합이 있던 날, 우승을 차지한 줄리아노는 공식적으로 시모네타를 미의 여왕이라 지칭했다. 향후 두 사람이 사랑에 빠졌다는 이야기가 전해지지만, 열여섯 살에 이미 결혼한 시모네타가 줄리아노와 연인이 되었을 가능성은 희박하다. 시모네타는 불과 1년 뒤에 폐결핵을 앓았고, 스물세 살 꽃다운 나이에 숨을 거두었다.

실존 인물을 모델로 그렸기 때문일까. 작품 속 여인의 이미지는 무언가 꿈꾸는 듯하고 우수에 젖어 있다. 현재까지 미의 대명사라 일컬어지는 이유는 단연 이러한 신비스러운 분위기 덕분일 테다.

66 보티첼리의 그림 속에 늘 등장하는 여인의 실존 인물로
그때도, 지금도 아름다움의 대명사로 불린다. 99

무던히도 바빴던 화가

　인간에 대한 찬미가 울려 퍼지는 우피치 미술관을 뒤로한 채, 보티첼리가 보고 느낀 피렌체 풍경 속으로 스며들었다. 눈앞에 잔잔한 아르노강이 펼쳐졌다. 구름 사이로 번히 비치는 햇빛이 수면을 최대한 빳빳하게 다림질한 모양이다. 보티첼리는 피렌체에서 약 65년의 인생을 꾸리는 동안 어지간히 바빴다. 그는 처음에 금은 세공으로 예술과 관련된 일을 착수했고, 여러 장인의 도제로 수년을 보내며 그들의 실력과 재능을 탐냈다. 아울러 인문주의 운동에 적극적으로 참여하였고, 마침내 기회를 잡아 로렌초의 후원을 받았다. 미술적 재능과 인문학적 지식을 두루 쌓은 보티첼리는 화폭 안에 숱한 상징을 숨겨놓았다. 덕분에 그의 그림은 보는 이에게 끊임없이 의문을 던졌고, 이에 대한 토론은 당대의 지적 기준이 되었다.

　어린 산드로 보티첼리가 만약 회화에 눈을 뜨지 않은 채 공예 훈련을 계속 받았더라면, 혹은 플라톤 아카데미에 열정적으로 참석하는 근면 성실한 청년이 아니었더라면, 우리는 그가 남긴 위대하고 눈부신 명작을 보지 못했을지도 모른다. 15세기 피렌체 시대상을 자세하게 기록한 〈동방박사의 경배〉 덕분에 미지의 과거에 한 걸음 가까워진 심경이다. 봄의 찰나를 영원으로 남긴 〈라 프리마베라〉를 통해 향기로운 계절의 아찔한 빛깔을 조금은 알 것도 같다. 더불어 〈비너스의 탄생〉에 드러나는 혁신적인 아름다움은 우리의 눈을 정화하며 의식의 환기를 불러일으킨다. 산책길에 별안간 음악이 들려왔다. 유럽 여행의 좋은 점은 언제 어디서나 선율이 흐른

다는 점이다. 음계의 높낮이를 따라 걸으며, 우리네 삶이 보티첼리의 그림
처럼 늘 찬란하기를, 꽃의 향연이 가득한 일상이 되기를 괜스레 소원했다.

메디치 가문과 보티첼리

보티첼리의 예술을 이야기할 때 빼놓을 수 없는 집안은 바로 메디치 가문이다. 메디치 가문은 13세기부터 17세기까지 피렌체에서 막강한 영향력을 보였던 문중으로, 그 안에서 네 명의 교황 ─ 레오 10세 Papa Leone X (217대 교황), 클레멘스 7세 Papa Clemente VII (219대 교황), 비오 4세 Papa Pio IV (224대 교황), 레오 11세 Papa Leone XI (232대 교황) ─ 과 피렌체의 지도자가 배출되었다. 메디치 가문에 대한 첫 기록은 1230년대 문헌에서 찾을 수 있다. 그들은 피렌체 북쪽의 농업 지방인 무겔로에서 왔으며, 이름의 유래는 명확하지 않지만, '메디치'는 '의사'를 의미하는 '메디코 medico'의 복수형이라 알려졌다.

메디치 가문은 조반니 디 비치 Giovanni di Bicci de' Medici (1360-1429) 때부터 빛나기 시작했다. 그는 메디치 은행을 설립하였고, 이는 차후 유럽을 통틀어 가장 부유한 은행으로 성장했다. 성공적인 사업으로 재산을 늘

린 그의 집안은 단숨에 부자가 되었다. 이러한 경제력을 바탕으로 피렌체 최고의 가문을 만든 이는 맏아들 국부 코시모였다. 어려서부터 사업 수완이 좋았던 그는 아버지를 따라다니며 견문을 넓혔고, 부친의 뜻에 순종하며 사업가로 성장했다. 그는 또한 인문주의 운동과 예술의 부흥이 필요하다고 믿었다. 코시모는 플라톤 아카데미를 열어 학자와 문인, 예술가들이 연구에만 전념할 수 있도록 했고, 고대 희귀 서적 수집 운동에도 아낌없이 투자하면서 전방위적으로 문예를 후원했다. 그러나 그의 뒤를 이어 피렌체를 통치한 장자 피에로는 아버지의 예술 지원 사업에 별로 흥미가 없었다. 게다가 지병인 통풍으로 많은 공적을 쌓지 못하기도 했다. 국부 코시모의 기대에 부응한 건 손자, '위대한 자' 로렌초였다.

로렌초가 피렌체 최고의 자리에 오른 건 1469년이었다. 그의 나이 불과 스무 살이 되던 해였다. 1478년, 피렌체는 교황령 연합군의 침공으로 벌어진 전쟁에서 연패하며 국가 존망의 갈림길에 처했다. 지도자로서 막중한 사명감을 지녔던 로렌초는 홀로 적진인 나폴리를 방문했고, 외교를 통해 국가를 위기에서 구해냈다. 그는 피렌체의 국민 영웅으로 불리며 실로 가문의 황금기를 일구었다. 로렌초는 문예 부흥에도 적극적이었다. 그는 할아버지가 그랬던 것처럼 플라톤 아카데미에서 만찬을 열며 인문학적 토론을 이끌었고, 보티첼리와 미켈란젤로 등 젊은 예술가를 후원하였다. 하지만 경영에는 영 소질이 없었다. 문화예술 후원과 정치 활동에 지나치게

몰두한 나머지 집안 사업에 별 관심을 두지 않았던 것이다. 결국 유럽 전역에 퍼진 열여섯 지점의 메디치 은행 중 열다섯 지점이 도산했고, 로렌초가 사망한 당시 남아있던 피렌체 본점 역시 2년 후인 1494년에 파산했다. 메디치 은행이 망하자 피렌체의 르네상스가 쇠퇴하였고, 예술인은 하나 둘씩 피렌체를 떠났다. 이처럼 로렌초의 생애는 이탈리아 르네상스의 절정기와 일치하였고, 그의 죽음은 피렌체 황금기의 종말과 함께 일어났다.

로렌초의 후원을 받은 보티첼리는 유독 플라톤 아카데미의 영향을 크게 받았다. 그는 인문학적 활동을 통해 토론과 시, 예술과 철학의 경계를 넘나들었고, 추상적인 미를 시각적으로 표현하는 방법을 탐구했다. 그러고는 자신이 사유한 미의 본질을 듬뿍 담은 그림을 세상에 선보였다. 사람들은 보티첼리가 만든 환상적이고 이상적인 아름다움 앞에서 넋을 잃었고, 그의 작품이 품은 이야기를 알고 싶어 했다. 보티첼리는 고대 신화나 폴리치아노Angelo Ambrogini(Poliziano)(1454-1494)의 시를 화폭에 묘사하곤 했는데, 이를 읽거나 들어본 적이 없는 사람들에게는 쉽지 않은 내용이었다. 그래서 보티첼리의 회화가 공개되는 날에는 진풍경이 펼쳐졌다. 그림을 미리 공부해 놓고, 이미 다 알고 있던 것처럼 남에게 설명해주는 이도 있을 정도였다. 자연스레 평범한 사람들 사이에서도 옛 신화를 포함한 인문 교양 공부가 활발해졌다. '위대한 자' 로렌초가 추구했던 피렌체 예술의 부흥이 보티첼리의 작품을 통해 실현된 순간이었다.

II

다 빈치

보는 것을 믿는 것만으로는 충분치 않다

단순함이 궁극의 정교함이다.

레오나르도 다 빈치(Leonardo da Vinci)

한 폭에 담아낸 방대한 노력

작가명과 작품이 저절로 연상되는 위대한 예술가가 있다. 레오나르도 다 빈치 Leonardo da Vinci. 그의 이름을 들으면 〈모나리자〉와 〈최후의 만찬〉이 떠오르고, 빛바랜 종이 위에 갈색의 선으로 그려진 화가의 얼굴이 눈앞에 선하다. 다 빈치는 르네상스를 대표하는 작가 중 한 명이지만, 사실 그가 남긴 그림은 기껏 스무 점 남짓이다. 그러나 다 빈치 작품의 진가는 그 뒤에 가려진 치밀한 창작 과정에 있다. 그는 정확한 묘사를 위해 만 삼천 페이지에 달하는 어마어마한 분량의 관찰기를 남겼다. 다 빈치는 30구 이상의 시체를 해부하며 인체의 비밀을 들여다보았고, 바위와 구름의 형태, 초목의 성장 법칙 등 자연에 관한 연구를 이어갔다. 더욱이 곤충과 새들의 비행을 분석하는 데 여러 해를 보내며, 이를 바탕으로 비행기구를 고안하기도 하였다. 그중 다 빈치가 가장 공들여 탐구했던 것은 빛과 색이었다. 그의 독특한 표현법인 '스푸마토 sfumato' 기법이 이에 기인하여 만들어졌다. 다 빈치가 남긴 명작을 직접 보는 것은 언제나 꿈꾸던 일이었다. 염원은 약 9,000km 떨어진 곳, 이탈리아 밀라노와 피렌체, 프랑스 파리에서 이루어졌다.

예술을 연마했던 화가,
레오나르도 다 빈치를 만나다
#이탈리아 밀라노

밀라노에 도착한 건 저녁이 다 되어서였다. 촉촉한 공기가 더 서늘하게 느껴지고, 찰방대는 신발 소리가 유독 크게 들리는 날이었다. 식료품 잡화점에 들러 간단한 저녁거리를 샀다. "부오나 세라" 어느새 익숙해진 저녁 인사가 유달리 정겹다. 밝은 회색빛을 띤 아침, 서둘러 산타 마리아 델레 그라치에 교회로 향했다. 입구에는 이미 관람을 예약한 스무 명 내외의 사람들이 입장 시간을 기다리고 있었다. 걸작을 볼 기대감에 한껏 상기된 표정들이다. 곧이어 분침이 정각을 가리켰다. 안내에 맞춰 발을 뗄 때마다 심장 소리가 커졌다. 복도의 공허함에 그 소리가 둥둥 울리는 것 같아 괜스레 심호흡을 서너 번 했다. 홀연 책에서만 보던 대작이 눈앞에 나타났다. 엄숙하다 못해 성스러운 〈최후의 만찬〉 앞에서 한참 동안 다 빈치를 좇았다.

다 빈치는 1452년 피렌체 근교에 있는 작은 마을 빈치에서 저명한 공증인 세르 피에르 ser Piero 의 사생아로 태어났다. 다 빈치가 열다섯 살이 되던 해, 아버지는 그를 화가이자 조각가인 안드레아 델 베로키오 Andrea del Verrocchio (c. 1435-1488)의 공방으로 보내 도제 수업을 받게 했다. 그는 20대에 접어들며 장인의 자격을 얻었지만, 피렌체의 무수한 경쟁자 사이에서 살아남기란 쉬운 일이 아니었다. 경제적 어려움 속에서 서른이 된다 빈치에게 기회가 왔다. 밀라노의 실질적 지배자 자리에 오른 루도비코 스포르차 Ludovico Sforza (1452-1508) 덕택이었다. 1481년, 성벽 공사 전문 가들이 필요했던 밀라노의 요청으로 로렌초가 기술자를 선발했고, 그 명 단에 다 빈치도 있었다. 당시 밀라노의 두오모 공사도 한창 진행 중이었는 데, 기록에 따르면 다 빈치가 자문위원으로서 성당의 형상을 잡아가는 과 정에 몇 가지 조언을 더했다. 1495년, 다 빈치는 루도비코의 요청으로 산 타 마리아 델레 그라치에 교회의 수도원 식당에 〈최후의 만찬〉을 그리기 시작했다. 밀라노에서의 안정된 생활은 루도비코의 몰락과 함께 막을 내 렸고, 10여 년의 방랑 생활이 이어졌다. 1516년, 다 빈치는 프랑스의 젊은 왕 프랑수아 1세 Francis I (1494-1547)의 초청을 받아 육십 대 중반의 나이 에 이국땅에서 새 삶을 꾸렸다. 그는 프랑스에서 〈모나리자〉를 다듬고, 수 학과 해부학 실험을 계속하다가 1519년, 숨을 거두었다. 유언에 따라 그의 유해는 생플로랑탱 교회에 묻혔다.

❝ 다 빈치의 〈최후의 만찬〉을 만나기 위하여 찾은 곳,
산타 마리아 델레 그라치에. ❞

#두오모성당

대기원근법의 태동,
〈수태고지 Annunciation〉

수태고지
패널에 템페라와 유채. 98×217cm.
우피치 미술관 (1472년경).

이탈리아 우피치 미술관에서 보티첼리의 아득한 회화에 아찔하다가 일순간 시야가 또렷해질 때가 있다. 정밀한 묘사와 수학적 원근법이 존재하는 〈수태고지〉 앞이다. 〈수태고지〉는 다 빈치가 '화가'로 처음 표기된 1472년에 제작한 것으로 알려졌다.

그림의 광경은 대천사 가브리엘이 성모 마리아의 집으로 찾아가, 그녀가 성령의 아이를 잉태할 것을 알리는 모습(누가복음 1장 26절-38절)이다. 수태고지는 지금까지 수많은 예술가의 중심 주제로 다루어졌다. 이 모티브만으로 서양 미술사의 흐름을 간략히 살펴볼 수 있는데, 특히 고딕 양식에서 르네상스 시대로 옮겨가는 단계가 화폭 속 정경에 고스란히 드러난다. 고딕 미술의 수태고지 장면에는 등장인물이 폐쇄된 집안의 방에 있거나 아예 배경 없이 주인공만 있는 경우가 대부분인데, 르네상스 시대부터는 천사의 방문이 정원이 있는 장소에서 실현된 것처럼 그려졌다. 다 빈치도 시대적인 흐름에 편승했고, 뜰에서 벌어지는 수태고지의 찰나를 가로로 긴 화면에 담았다.

집 앞의 마당에서 마리아가 책을 읽고 있다. 정원에는 이탈리아 토스카나 지방을 연상시키는 사이프러스 나무가 자랐다. 별안간 마리아의 앞에 대천사 가브리엘이 나타나 무릎을 꿇고 말을 건넨다. 두 인물의 손가락에는 순간의 서사가 어려 있다. 마리아의 살짝 들어 올린 왼손에서 갑작스러운 잉태 소식에 대한 놀라움이 엿보인다. 더불어 천사의 방문으로 책에서 눈길을 뗀 그녀는 오른손으로 읽고 있던 문장의 위치를 표시하고 있다.

반면에 가브리엘은 세 손가락을 들어 올리며 성령의 은총을 기원한다.

　다 빈치는 돌을 쌓아 올린 건축물의 외벽으로 선원근법*을, 희미하게 보이는 후경의 호수와 산을 통해서 대기원근법**을 구현했다. 게다가 옷주름이나 땅에서 피어오른 꽃, 건물의 질감 등 세부 묘사가 무척이나 정교하다. 그의 능숙한 기술과 솜씨가 여실히 두드러지는 부분이다. 아울러 아직은 젊은 화가의 미성숙한 실수도 찾아볼 수 있다. 책장을 넘기는 마리아의 오른손과 팔이 왼팔과 비례가 맞지 않고, 또 가브리엘의 그림자가 마리아의 그림자에 비해서 지나치게 어둡다. 그럼에도 불구하고 〈수태고지〉는 신인 작가 다 빈치의 초기작으로 큰 의의가 있다.

---

* 선원근법은 투시도법이라고도 하며, 2차원의 평면에 3차원의 대상물을 입체적으로 표현하고, 대상 간의 거리를 나타내기 위해 소실점을 활용하는 기법이다. 기하학적인 기초를 도입해 과학적인 방법으로 체계화시킨 일종의 공식이라 할 수 있다.

** 대기원근법은 선원근법에 비해 보다 직관적으로, 빛의 파장 등 대기의 실제 현상을 미술에 적용시킴으로써 공간감을 드러내는 방식이다. 주로 거리감에 따라 대상의 윤곽 및 색채의 강약을 조정하며 깊이감을 표현한다.

형언할 수 없는 감동,
〈최후의 만찬 The Last Supper〉

"너희 가운데 한 사람이 나를 배반할 것이다" 저녁 만찬은 순식간에 마구 소란해졌다. 다 빈치는 제자들의 각기 다른 성격을 나타내고자 인간의 다양한 생김새와 표정을 참고하였고, 이를 그림에 효과적으로 표현했다. 예수의 오른편에 앉아 슬픔에 빠진 인물은 사도 요한이다. 소설 《다빈치코드》에서는 다 빈치가 요한이 아니라 마리아를 그린 것이라 강조하면서, 요한을 '흐르는 듯한 붉은 머리칼과 섬세하게 모아 쥔 손'을 가졌다고 서술한다. 청순가련한 그의 생김새를 보면 그 의견이 어느 정도 설득력 있게 들린다. 요한의 귀에 대고 무언가를 속삭이는 이는 베드로. 그의 손에는 칼이 쥐어 있다. 이는 예수가 체포될 때 대제사장 종의 귀를 자를 것임을 예고하는 것이자 그의 불같은 성격을 보여준다. 그의 행동에 유다는 무심코 앞으로 떠밀렸다. 열두 제자의 회계 담당이었던 그는 돈주머니를 들고 있는데, 이는 그가 은전 30냥에 스승을 배신한다는 사실을 시사한다. 예수의 왼편에서 손가락을 위로 가리키며 반문하는 이는 성 토마스다. 의구심이 많아 부활한 예수의 옆구리에 손가락을 넣어 본 '의심하는 성 토마스' 답다.

〈최후의 만찬〉은 철저한 대칭으로 이루어졌다. 중앙에 있는 예수를 기준으로 제자들은 양쪽에 여섯 명씩 앉아 있다. 또 그들의 움직임에 의해 세 사람씩 자연스럽게 구별된다. 〈최후의 만찬〉에서 예수 뒤의 세 개의 창문은 그리스도교의 삼위일체를, 세 명씩 네 무리를 이룬 열두 제자는 네 개의 복음서와 새 예루살렘의 열두 문을 상징하는 것이라는 해석이 있다. 또한, 〈최후의 만찬〉을 보다 보면 자연스레 시선이 예수의 얼굴에 가닿는 다. 다 빈치가 소실점 위에 예수의 얼굴을 의도적으로 배치한 덕이다. 이러한 이유로 이 작품은 르네상스 회화의 특징인 수학적 원근법의 결정판으로 손꼽힌다. 그런데 문득 일부가 낯설게 느껴진다. 예수의 머리 뒤로 후광이 있어야 마땅한데, 다 빈치는 이를 따로 그리지 않았다. 대신 유난히 밝은 창이 광배를 암시한다. 과학적 사고에 바탕을 둔 다 빈치에게는 후광 역시 실존하는 것이 아니었다.

〈최후의 만찬〉은 다른 벽화에 비해 상태가 좋지 않다. 다 빈치가 젖은 벽에 안료를 칠하는 프레스코 방식이 아닌, 건조한 벽에 직접 템페라 물감과 유화 물감으로 그림을 그렸던 까닭에 벽화의 손상이 일어난 것이다. 일부 연구자들은 그가 프레스코 형식을 택하지 않은 이유로 석고가 마르기 전에 재빨리 다음 부분을 그려야 하는 과정이 그에게 맞지 않았기 때문이라 주장한다. 실제로 다 빈치는 머릿속에서 먼저 구상이 성립되어야 작업을 진행했다.

최후의 만찬
회벽에 유채와 템페라. 460×880cm.
산타 마리아 델레 그라치에 교회 (1495-1498년경).

미술사학자 조르조 바사리 Giorgio Vasari (1511-1574)의 회고에 의하면, 다 빈치는 며칠씩이나 그림에는 손도 대지 않고, 벽 앞에 앉아 명상에 잠겨 있곤 했다. 보존이 온전하지 않음에도 불구하고, 다 빈치의 벽화는 르네상스 전성기 작품 중 최고의 성과로 칭송이 자자하다. 1980년, 유네스코는 〈최후의 만찬〉과 산타 마리아 델레 그라치에 교회를 세계문화유산으로 지정하였다.

세계에서 가장 유명한 초상화,
〈모나리자 Mona Lisa〉

파리 루브르 박물관에서 꼭 봐야 하는 명작이 있다면, 단연 다 빈치의 〈모나리자〉다. 명성에 비해 다소 작은 〈모나리자〉는 전 세계적으로 인기 있는 초상화 중 하나지만, 여전히 수수께끼투성이다. 현재는 작품에 대해 구체적으로 서술한 바사리의 저작 《미술가 열전》(1550)에 근거하여 여인의 신원을 추정하고 있다. 바사리는 초상화의 모델이 피렌체의 부유한 상인인 조콘도 Francesco del Giocondo 의 부인 리자 Lisa del Giocondo 라고 기술하였다. 이에 따르면 '모나'는 부인을 뜻하는 '마돈나'의 준말이기에 〈모나리자〉는 '리자 부인'이라는 뜻이며, 그녀의 나이는 약 24-27세 때로 파악된다.

모나리자
패널에 유채. 77×53cm.
루브르 박물관 (1503-1506년경).

다 빈치는 〈모나리자〉를 그릴 때 인간의 생생한 자태보다는 대상의 내면과 본질에 주목하여 그림을 창작하고자 했다. 그래서일까, 여인은 놀라울 정도로 살아 있는 것 같다. 조금 과장하면, 그녀의 초상에 영혼이 깃들어 마치 그녀가 우리를 보고 있는 듯한 느낌이 든다. 그 오묘함은 '스푸마토' 기법으로 그린 여인의 미소에 의해 한층 고조된다. '스푸마토'란 이탈리아어로 '흐릿한' 혹은 '자욱한'을 뜻하는 말로, 형체의 윤곽선을 일부러 불확실하게 처리해 경계를 없애는 방법이다. 다 빈치는 여성의 입 가장자리와 눈꼬리를 '스푸마토' 기법으로 처리함으로써 그녀의 미소를 모호하지만 부드럽게 만들었다. 또한, 〈모나리자〉는 눈썹이 뚜렷하게 보이지 않는 것으로 잘 알려져 있다. 이에 대해서는 여러 가지 설이 전해져 왔지만, 2007년 프랑스 공학자 파스칼 코테Pascal Cotte가 초고해상도 스캔을 사용하여 원래 속눈썹과 눈썹이 그려졌던 흔적을 찾아냈다. 그는 시간이 흐르면서 화학적 반응으로 인해 눈썹의 색이 바래거나 지워졌을 가능성을 제기하였다.

작품의 신비로움은 배경에서도 드러난다. 언뜻 보아도 전경의 양쪽이 꼭 들어맞지 않고, 왼쪽의 지평선이 오른쪽보다 약간 낮다. 이로 인해 왼쪽에 초점을 맞추면 오른쪽에 초점을 둘 때보다 인물이 약간 크고 몸도 더 똑바로 세운 것처럼 보인다. 다 빈치는 대기원근법을 활용하여 풍광을 묘사하였다. 가까운 곳은 붉은 색조로 비교적 명확하게 그려냈지만, 먼 곳은 청색 위주로 채색하였고, 동시에 윤곽선을 흐릿하게 표현함으로써 공간이 뒤로 멀어지도록 의도했다. 이와 더불어 그는 선원근법도 배제하지 않왔다. 풍경에 내재한 선의 기울기를 따라가다 보면 부인의 머리 뒤 소실점으로 이목이 쏠리며, 결과적으로 안정된 삼각형 구도를 이룬다.

〈모나리자〉는 다 빈치가 죽기 전까지 늘 갖고 다니면서 고치고 또 고친 그림으로, 프랑수아 1세는 거액을 주고 이 걸작을 사들였다. 20세기 초, 〈모나리자〉는 그 유명세를 톡톡히 치렀다. 1911년, 전 루브르 박물관 직원이었던 이탈리아인 빈첸초 페루지아 Vincenzo Peruggia (1881-1925)가 이를 훔쳤던 것이다. 2년 뒤, 그는 "나폴레옹 시대에 도둑맞은 국가 보물을 고국에 돌려주고 싶다"는 애국적인 이유로 도둑질의 동기를 밝혔고, 이탈리아 정부에 작품을 돌려주었다. 하지만 이 작은 초상화는 엄연히 프랑스 정부의 소유였다. 현재 루브르 박물관은 또 다른 손상의 위험을 방지하기 위해 커다란 방탄유리 뒤에 〈모나리자〉를 보존하고 있다.

가장 고귀한 즐거움은
이해의 기쁨

밀라노는 이탈리아의 다른 도시보다 도회적인 이미지를 풍긴다. 지극히 현대적인 건물 사이를 걷다 보면, 얼핏 지금 여행을 하고 있는지 일상을 살아가는지 헷갈릴 때가 있다. 바삐 걷는 패션 피플을 따라 가볼까 했지만, 그들은 금세 저 멀리 사라졌다. 밀라노 대성당 앞에 다다랐다. 비로소 여행지에 온 기분이다. 화려한 왕관처럼 생긴 두오모는 밀라노의 위세를 뽐내듯 웅장하다. 엄숙한 공간 안에서는 비 냄새가 났다. 느린 걸음으로 예배당을 둘러보고 성당 한구석에 앉아 위를 올려다보았다. 높이 솟은 천장과 스테인드글라스에는 하늘에 가까이 다가가려 했던 사람들의 소망이 담겼으리라. 성당 근처 비토리오 엠마누엘레 2세 갤러리아로 들어섰다. 천장이 유리로 덮여 시시각각 빛과 그림자가 일렁이는 곳이다. 아케이드가 끝나는 지점에는 피아자 델라 스칼라라 불리는 광장이 있다. 그곳에서 마침내 만나고 싶었던 거장, 레오나르도 다 빈치의 조각상을 마주했다.

다 빈치는 여부없는 천재였다. 그는 탁월한 재능으로 남들보다 쉽게 인정받았지만, 본인만의 기교를 만들기 위해 끊임없이 노력했다. 그는 만 삼천 페이지의 노트에 회화에 대한 뜨거운 열정을 녹였고, 스푸마토 기법을 창출하여 표현의 가능성을 넓혔다. 빈틈없는 관찰에 촘촘한 형상을 기워 완벽한 미의식을 구현한 다 빈치의 그림은 오늘날까지도 그 생명력을 뽐내며 우리에게 미술의 가치를 일깨운다.

화가의 명성에 걸맞게 우리는 광고와 미디어, 그리고 숱한 모작으로 다 빈치의 작품을 자주 접한다. 덕분에 그의 예술에 한결 가까이 다가갈 수 있지만, 참신한 눈으로 음미하기란 더욱 어려워졌다. 어떠한 고정관념이나 선입견 없이 천재의 걸작을 감상하면 어떤 감동이 일까. 〈최후의 만찬〉을 처음 본 수도사들은 감탄을 금치 못했을 테고, 〈모나리자〉의 탄생을 실시간 바라보던 리자 부인은 감격의 눈물을 머금었을지 모른다. 인위의 아름다움이 선사하는 새로운 차원의 자극이 어땠을지, 다 빈치의 그림을 부단히 바라보며 어림잡아 짐작할 뿐이다.

레오나르도 다 빈치 vs 미켈란젤로 부오나로티

13세기에 지어진 베키오 궁전을 보러 시뇨리아 광장으로 향했다. 피렌체의 위대함을 과시하기 위해 건립된 베키오 궁전은 그 명성에 걸맞게 위용이 대단하다. 황톳빛을 띤 직각의 석조 건물은 무척 견고해 보이고, 건물 위로 솟아오른 94m의 시계탑은 궁전을 더욱 거대하게 만든다. 정문 앞에는 1910년에 세워진 미켈란젤로의 다비드상 복제품을 포함하여 여러 대리석 조각상이 서 있는데, 이들 덕분에 궁으로 들어가는 길이 한층 장엄하게 느껴진다. 베키오 궁전을 찾은 이유는 하나의 일화 때문이었다. 레오나르도 다 빈치와 미켈란젤로 부오나로티의 전설적인 대결이 이곳에서 이루어졌다.

1504년, 피렌체시 당국은 다 빈치와 미켈란젤로에게 베키오 궁전 대회의실 벽화를 의뢰해 경쟁을 붙였다. 당시 다 빈치의 나이는 쉰둘, 미켈란젤로는 스물아홉 살이었다. 당대 최고의 예술가로 칭송받은 두 거장의 대

결은 온 유럽의 관심을 받았다. 겉으로야 태연한 척 했겠지만, 서로를 라이벌로 의식하던 두 사람에게도 매우 신경 쓰이는 일이었을 테다. 시 당국은 작품을 통해 시민들의 애국심과 자부심을 높이고자 피렌체 역사에서 중요한 전투 두 개를 선정했고, 두 화가에게 같은 방의 맞은편 벽면을 각각 장식하도록 했다.

다 빈치는 앙기아리 전투 Battle of Anghiari (1440)*를 주제로, 밀라노 군을 격파하는 장면을 담았다. 원래 계획은 1505년 2월까지 완성하는 것이었지만, 다 빈치는 그해 4월에 밑그림만 겨우 해냈다. 언제나처럼 스케치를 하는 데 오랜 시간이 걸렸을 뿐만 아니라 벽을 쉽게 오르내리는 기계를 개발하느라 시간을 보낸 탓이었다. 하지만 밑그림만으로도 사람들의 감탄이 이어졌다. 승리를 염원하는 전사들의 맹렬한 기세와 격렬하게 날뛰는 세 마리의 말이 너무도 생생하게 나타난 것이었다. 게다가 다 빈치는 병사들의 제복 디자인이나 투구의 문장을 독창적으로 창작하며 작품에 우아함을 더했다. 그러나 그의 벽화는 미완성인 채로 결국 사라졌다. 다 빈치가 프레스코화 대신에 기름을 사용하여 그림을 그리려고 시도했는데, 그 방법이 물감의 왁스를 제대로 굳게 하지 못해 녹아내렸던 것이다.

* 앙기아리 전투는 롬바르디아 전쟁 중인 1440년 6월 29일, 피렌체 공화국이 이끄는 이탈리아 동맹군과 밀라노 공국군 사이에 벌어진 전투다. 피렌체는 이탈리아 중부에 대한 피렌체의 지배권을 사수해 내며 승리했다.

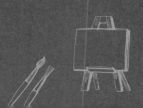

미켈란젤로는 피사와의 전쟁이었던 카시나 전투(1364)*의 한 국면을 그렸다. 그는 다 빈치의 그림에 나타나는 급박한 전투가 아닌, 아르노 강에서 목욕하던 일군의 병사가 적의 기습에 놀라 전투 채비에 나서는 순간을 묘사했다. 선 자세, 앉은 자세, 구부리거나 엎드린 자세 등 제각각 포즈를 취하는 인물 안에 미켈란젤로의 해부학적 지식과 능숙한 명암 표현이 드러난다. 아마도 그는 작업을 착수하기 전에 엄청난 고심을 했을 것이다. 조각가였던 그에게 대형 벽화 제작은 결코 쉬운 일이 아니었기 때문이다. 그래서 그는 자신이 잘 그릴 수 있는 주제이자 조각을 위한 스케치, 즉 다양한 자세의 나체 남성으로 화면을 채운 게 아니었을까. 미켈란젤로 역시 바티칸의 시스티나 대성당 천장화 프로젝트를 위해 교황에게 불려가면서 작품을 끝맺지 못했다.

두 거장의 벽화는 1512년까지 피렌체에서 전시되었다. 이후 1563년, 베키오 궁전을 리모델링하는 과정에서 다 빈치의 그림 대신 바사리의 프레스코화가 자리하게 되었고, 미켈란젤로의 작품 또한 소실되었다. 현재 그들의 작업은 후대 화가들의 모사에 의해 전해지고 있다.

---

* 카시나 전투는 1364년 7월 28일 이탈리아 카시나 근처에서 일어난 피렌체 군과 피사 공화국 군대 간의 교전으로, 피렌체 공화국이 대승을 거두며 끝이 났다.

두 사람의 라이벌 관계는 평생 계속되었다. 바사리가 남긴 기록에 의하면, 성격부터 출신 배경, 추구하는 예술마저 너무도 달랐던 두 사람은 서로에 대한 극심한 증오를 느꼈다. 특히 미켈란젤로는 다 빈치에 대해 혐오감을 감추지 않았다. 그는 다 빈치가 청동 기마상 제작에 실패한 것을 사람들 앞에서 조롱하는 등 무례한 태도를 보이기까지 했다. 두 사람 중 누가 더 뛰어난 미술가인지에 대해서는 의견이 분분하다. 어쩌면 작업 방식과 개성이 다른 두 예술가의 우열을 굳이 가리려 하는 것 자체가 무리인지도 모른다. 분명한 것은 그들 모두 서양미술사의 가장 높은 봉우리로서 최고의 찬사를 받는 예술가들이며, 그들의 작품은 우리의 삶을 한결 다채롭게 만든다는 점이다.

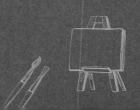

III

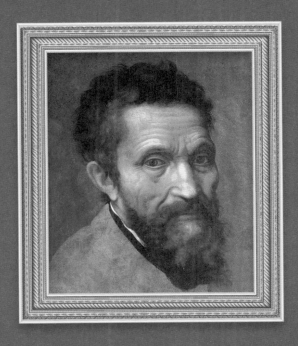

미켈란젤로

자발적 조각가, 타의적 화가

나는 대리석에 있는 천사를 보았고
그를 풀어줄 때까지 조각했다.

미켈란젤로 부로나오티(Michelangelo Buonarroti)

옹고집, 추남, 그리고 **천재**

　청년은 금방이라도 돌을 던질 기세다. 몸 전체의 근육이 울퉁불퉁 꿈틀
거리고, 목에는 핏줄이 불뚝 솟았다. 꽉 다문 입과 찡그린 눈썹, 깊게 팬 주
름은 그의 강인한 정신력을 대변하는 것일까. 이 청년은 적군의 거인 장수
골리앗을 돌팔매로 쓰러뜨린 소년 영웅, 바로 미켈란젤로 부오나로티 Mi-
chelangelo Buonarroti 의 〈다비드David〉(1501-1504) 상이다. 피렌체 아카데
미에 있는 약 5.17m 높이의 대리석상은 원래 피렌체 성당의 북쪽 익랑 위
부벽에 놓일 예정이었다. 미켈란젤로는 작업 과정에서 원근법을 고려했고,
아래에서 잘 보이지 않을 머리와 손의 비례를 상대적으로 크게 만들었다.
그런데 조각이 완성되기 전 갑자기 전시 장소가 시뇨리아 광장으로 바뀌
었다. 원래 계획보다 낮은 곳에 세워진 다비드상의 비율이 묘하게 맞지 않
은 이유가 여기에 있다. 〈다비드〉 상을 볼 때마다 괜스레 미켈란젤로가 연
상된다. 꼿꼿한 자세로 무언가를 강렬하게 응시하는 한 남성. 어쩌면 내적
으로 단단해 보이는 그 모습이 미켈란젤로를 떠올리게 하는지도 모른다.

 피렌체 아카데미 건물 가장 안쪽,
적군의 거인 장수 골리앗을 돌팔매로 쓰러뜨린
소년 영웅 다비드가 있다.

그림 그리는 조각가,
미켈란젤로를 만나다
#바티칸 시국

    새벽으로 맞춰 놓은 기상 소리에 잠이 깼다. 바티칸 투어가 있는 날이라 바삐 움직였다. 로마 테르미니역에서 지하철을 타고 약 30분이 흘렀을까, 교황청이 있는 바티칸 시국에 도착했다. 이탈리아와 바티칸의 국경은 벽돌로 쌓은 높은 성벽으로 구분된다. 장벽의 문턱만 넘어서면 다른 나라라니, 방문이 이렇게 쉬워도 되나 싶다. 지도를 열 겨를도 없이 사람들의 발소리를 쫓아 걸었다. 어느 틈에 벌써 바티칸 미술관 앞이다. 책으로 접했던 명작을 직접 볼 수 있다는 기대 덕인지, 혹은 세계 각국에서 온 수많은 여행객 사이에 혼자 서 있다는 긴장 탓인지 심장이 유달리 요동쳤다. 그 소란에 서둘러 로비로 들어섰고, 오디오 가이드 기기를 빌려 귀에 꽂았다. 비로소 정적이다. 흘러나오는 차분한 목소리를 따라 발걸음을 옮기고 눈을 돌렸다. 사방으로 걸린 작품을 보느라 금세 피로했지만, 흥분은 쉽사리 가라앉지 않았다. 드디어 시스티나 성당에 다다랐다. 들숨으로 한껏 가슴을 부풀린 뒤, 온통 푸른 빛의 공간으로 발을 내디뎠다. 마침내 미켈란젤로의 걸작에 스며들었다.

    미켈란젤로는 1475년 이탈리아 카센티노의 카프레세에서 태어났다. 어릴 때부터 수시로 망치와 끌을 다루던 미켈란젤로는 열세 살이 되던 해 도메니코 기를란다요 Domenico Ghirlandaio (1448-1494)의 공방에 들어갔다. 이듬해 그는 산 마르코 성당 정원에서 이루어지던 '위대한 자' 로렌초의 조각 학교에 입학하였고, 베르톨도 디 조반니 Bertoldo di Giovanni (c.1420-1491)에게 기술을 배우며 메디치 가문의 고대 입체를 연구하였다. 미켈란젤로의 비범한 실력은 이내 로렌초의 관심을 끌었다. 그는 예술가가 단지 손을 쓰는 기술자에 그쳐서는 안 된다는 로렌초의 생각에 따라 인문학자들과 교류하였고, 아울러 조각을 위한 인체 해부에도 전력을 다했다. 1492년, 후원자 로렌초가 갑작스럽게 세상을 떠나면서 미켈란젤로의 삶이 송두리째 흔들렸다. 그는 피렌체를 떠나 1496년 로마에 정착했고, 〈피에타〉를 발표하며 일약 신예 예술가로 떠올랐다. 그의 명성은 피렌체에서 〈다비드〉 상을 제작하며 더욱 높아졌다. 세간의 주목을 받은 미켈란젤로가 자신의 영광을 높여줄 예술가를 찾던 교황 율리오 2세 Papa Giulio Ⅱ (216대 교황)의 눈에 든 건 당연한 일이었다. 1508년, 미켈란젤로는 교황의 명에 따라 시스티나 대성당 천장화 프로젝트에 착수했다. 이후 피렌체의 메디치 가문이 배출한 교황 시대가 열렸고, 가장 성공적인 작가였던 미켈란젤로 역시 피렌체로 파견되었다. 1533년, 메디치 묘를 장식하던 미켈란젤로에게 교황 클레멘스 7세 Papa Clemente Ⅶ (219대 교황)가 시스티나 대성당의 한쪽 벽면에 〈최후의 심판〉을 그릴 것을 의뢰했다. 작업은 이듬해 교황의 선종으로 일시 중지되었고, 1536년 교황 바오로 3세 Papa Paolo Ⅲ (220대 교황)의 명으로 다시 진행되어 1541년에 끝이 났다. 미켈란젤로는 노년까지 조각에 열심이었다. 그는 〈론다니니의 피에타〉상을 다듬다가 1564년, 89세의 나이로 세상을 떠났다.

무명작가가 형용한 지극한 애통,
〈피에타 The Pity〉

바티칸의 성 베드로 대성전은 입구부터 사람들로 인산인해를 이룬다. 미켈란젤로의 〈피에타〉 덕분이다. 1498년경, 프랑스 대사 장 빌레르 드 라그롤라Jean Bilheres de Lagraulas (c. 1435/1439-1499) 추기경은 미켈란젤로에게 '현존하는 작품 중 제일 위대한' 대리석상을 주문했다. 미켈란젤로는 고객의 바람에 부응하고자 작업에 전념했고, 그에게 〈피에타〉를 선보였다. '피에타'는 우리말로 번역하면 '비탄'이라 할 수 있다. 죽은 아들 예수를 무릎 위에 안은 성모의 자태는 무수히 다루어진 소재였지만, 미켈란젤로의 조각상은 뭔가 달랐다. 〈피에타〉에는 과장된 감정으로 오열하는 마리아가 아닌 그윽이 명상에 잠긴 어머니가 있다. 더불어 고난을 끝내고 편히 잠든 예수의 상은 실물보다 생생하여 보는 이를 숙연하게 만든다.

처음에는 모자의 삼연한 이별을 감상하는 것만으로도 벅차다. 내처 감정이 잠잠해지고 나서야 대리석이라고 믿기 어려운 섬세한 기법이 눈에 든다. 반드러운 피부 표현과 정교한 옷의 주름, 혈관과 갈비뼈가 고스란히 드러나는 실재감, 두 인물이 만들어내는 공간감 등, 그 빈틈없는 재현에 감탄이 새어 나온다. 사실 〈피에타〉에는 몇 가지 계획적인 왜곡이 있다. 먼저, 두 사람의 비례가 맞지 않다. 미켈란젤로는 마리아의 풍채를 예수의 시신보다 두 배 정도 크게 만들었는데, 이는 전체적으로 안정된 균형을 맞추기 위한 계산이었다. 또한, 사후 강직이 났을 예수의 몸이 오히려 부드럽게 늘어져 있다. 현실적인 묘사보다는 비극의 분위기를 표출하려 했던 미켈란젤로의 의도가 엿보인다. 더욱이 〈피에타〉가 알려진 후 대중의 입에 빈번히 오르내린 부분은 마리아의 얼굴이었다. 그녀의 얼굴이 매우 앳되다는 것이었다. 차후 미켈란젤로는 순결함을 강조하기 위해 젊은 인상으로 설정했음을 밝혔다.

〈피에타〉는 세상에 나오자마자 큰 반향을 일으켰다. 이 수작이 누구의 것인지 입씨름도 벌어졌다. 무명에 가까운 신인이었던 미켈란젤로는 어느 날 밤 몰래 성당으로 가서 마리아의 옷깃에 손수 이름을 새겼다. "피렌체의 미켈란젤로 부오나로티가 만들었다." 신진 작가의 패기에 사람들은 경악을 금치 못했다. 예술가가 작품에 본인의 이름을, 그것도 성모 마리아의 옷깃에 남기는 것은 상상할 수 없는 일이었다. 한밤의 소행으로 인해 미켈란젤로라는 이름이 사방으로 퍼지기 시작했다.

피에타
대리석. 195×174㎝.
바티칸의 성 베드로 대성전 (1498-1499년).

신성으로의 도달,
〈시스티나 성당 천장화 Sistine Chapel ceiling〉

시스티나 성당 입장과 동시에 시선은 저절로 위를 향한다. 호화로운 색에 정신이 아득할 때 즈음 사방에서 소미한 감탄사가 터져 나온다. 벽면의 의자를 찾아 앉았다. 그제야 그림 전체가 눈에 들면서 어마어마한 크기에 또 한 번 멍해진다. 자세히 보면 벽과 천장의 연결고리나 기둥도 미켈란젤로가 그려 넣은 평면 이미지다. 그 탁월한 입체감은 흡사 구조물인양 착시를 일으킨다. 미켈란젤로가 남긴 최고의 명작 중 하나가 그토록 하기 싫어하던 일이었다는 건 상당히 역설적이다.

시스티나 성당이 완공된 것은 교황 식스토 4세 Papa Sisto IV (212대 교황) 때인 1481년이었다. 예배당의 벽면에는 보티첼리, 기를란다요와 같은 전 세대의 저명한 거장들의 벽화가 자리했다. 하지만 궁륭형 천장은 한동안 비어있었다. 1508년, 교황 율리오 2세는 미켈란젤로에게 천장을 장식할 것을 제안했다. 조각가에게 그림을 위임한 것도 모자라 높이 20m의 천장에 가로 14m, 세로 35m를 채우라니, 미켈란젤로가 고분고분할 리가 없었다. 그는 어떻게든 요구를 거부하려 했지만, 명을 어기는 것은 불가능했다. 미켈란젤로는 작업을 완전히 가리는 휘장을 쳤고, 4년 동안 홀로 창작에 몰입했다. 천장화를 그리기 위해서는 비좁은 공간에서 등을 대고 누워 지내야 했다. 불편한 자세에 익숙해진 그는 당시 편지를 받으면 그것을 머리 위로 들고 몸을 뒤로 젖힌 채로 읽었다고 전한다.

중앙부에는 창세기에 나오는 아홉 장면이 그려져 있다. 큰 주제는 천지 창조와 아담과 이브, 그리고 노아의 이야기다. 나아가 각 주제는 저마다 세 가지의 구체적인 사건으로 갈라진다. 첫 번째 그룹은 빛과 어둠의 분리, 해와 달과 식물의 창조, 땅과 바다의 분리로, 천장화 중에서 유독 광범위하고 역동적이다. 두 번째 그룹은 아담의 창조, 이브의 창조, 그리고 원죄의 내용을 담고 있으며, 세 번째 그룹은 노아의 희생, 노아의 방주, 그리고 노아의 만취로 조합되어 있다. 아홉 점의 주요작을 둘러싼 양 측면에는 예수의 탄생을 예언한 일곱 명의 예언자와 다섯 명의 여사제가 있고, 작은 칸은 구약성서에 나오는 인물과 예수의 선조로 구성되었다. 한편, 구획을 가르는 경계에는 총 스무 명의 이누디와 열 개의 방패가 있다. 근육질의 젊은 남성을 뜻하는 이누디의 모델이 누구였는지에 대해서는 알려진 바 없지만, 그들의 터질 것 같은 힘줄과 근육, 저마다 다른 방향으로 뒤튼 몸동작이 눈길을 뗄 수 없게 만든다. 어떤 각도에서든 인체를 능수능란하게 그릴 수 있었던 미켈란젤로의 탁월한 솜씨가 두드러지는 면모다.

아담의 창조
프레스코화. 570×280cm.
시스티나 성당 (1508-1512년).

천장화에서 가장 유명한 그림은 〈아담의 창조 The Cre-ation of Adam〉다. 최초의 인간 아담은 생기 있는 모습으로 땅 위에 누워있다. 반대편에는 하느님이 천사의 부축을 받으며 그에게 다가간다. 하느님의 오른팔은 그의 손가락에서 나오는 생명의 불꽃을 아담의 손가락으로 전달하기 위해 완전히 뻗어있다. 그러나 그의 손이 아담에게 채 닿기도 전에, 아담은 깊은 잠에서 막 깨어난 듯 창조주의 얼굴을 물끄러미 쳐다본다. 게다가 그의 왼팔은 하느님의 행위를 반영하는 자세로 펴져 있다. 이는 사람이 하느님의 형상대로 창조되었음을 상기시킨다. 미켈란젤로 이전의 미술가들도 같은 주제의 작품을 창작했지만, 그 누구도 미켈란젤로처럼 명확하게 표현하지는 못했다. 미켈란젤로는 둘의 손길을 화면 한가운데 배치하여 관람자의 시선을 머물게 하고, 숭고한 창조의 신비를 시각화함으로써 신의 전지전능함을 경험하도록 하였다.

군상의 아우성,
〈최후의 심판 The Last Judgment〉

시스티나 성당의 제단 벽면으로 눈을 돌렸다. 거대한 벽을 가득 채운 또 다른 대작, 미켈란젤로의 〈최후의 심판〉이다. 위에서부터 천국과 연옥, 지옥을 차례대로 묘사한 벽화는 미켈란젤로가 그린 단테의 《신곡》이라 할 수 있다. 단테가 생애 중 만난 이들을 평가하여 지옥, 연옥, 천국에 위치를 매긴 것처럼, 미켈란젤로는 심판자 예수를 중심으로 천상의 세계에서 지옥의 세계까지 시각적으로 나누었다.

미켈란젤로는 〈최후의 심판〉에서도 육체를 나타내는 데 몰두했다. 화면에는 인간이 할 수 있는 거의 모든 동작을 취하는 391명의 인물이 있다. 격렬한 몸짓을 보이는 나체의 군집은 혼란스러운 상황에서 아무것도 하지 못하는 무력감을 강조한다. 중앙의 예수는 수염도 나지 않은 당당한 나체의 남성상으로, 긴 머리에 수염이 있는 위인으로 표현된 이전의 초상과는 사뭇 다르다. 그의 곁에는 성모 마리아가 앉아 체념의 표시로 고개를 돌리고 있다. 두 사람 주위를 원형으로 둘러싼 성도들은 예수의 평결을 애타게 기다리는데, 몇몇은 상징적인 소재를 지니고 있어 누군지 알아볼 수 있다. 이들은 두 개의 열쇠를 가진 성 베드로St Peter, 석쇠를 들고 있는 성 라우렌시오St Laurence, 톱니바퀴를 쥔 알렉산드리아의 성 카타리나St Catherine of Alexandria, 그리고 화살을 잡고 무릎을 꿇은 성 세바스티아누스St Sebastian다. 오른쪽 아래에는 지옥으로 떨어지는 영혼들이 묘사되어 있다.

최후의 심판
프레스코화. 1370×1220cm.
시스티나 성당 (1536-1541년).

지옥에 대한 두려움으로 넋을 잃고, 운명에 저항조차 할 수 없는 상태로 끌려가는 인간상에 허탈함이 느껴진다. 배에서 내린 그들은 뱀의 코일에 몸을 감싼 지옥의 수문장 미노스Minos 앞에 선다. 작품의 해석 중 미켈란젤로가 〈최후의 심판〉에 본인의 얼굴을 투영했다는 의견이 있다. 산 채로 껍질을 벗기는 형벌로 순교한 성 바르톨로메오St Bartholomew의 가죽이 미켈란젤로의 얼굴이라는 것이다.

〈최후의 심판〉은 뜨거운 찬반 논쟁에 휘말렸다. 논란의 이유는 그림에 등장하는 성인이 나체라는 점이었다. 결국, 1564년 1월, 트리엔트 공의회에서 "비속한 부분은 모두 가려져야 한다"라는 칙령이 반포되었다. 수정은 미켈란젤로의 제자였던 다니엘 다 볼테라Daniele da Volterra(c. 1509-1566)가 담당했다. 그는 스승의 명화를 타인이 손대게 해서 망치게 할 수 없다는 사명감으로 일을 맡았고, 기저귀 전문 화가라는 비아냥까지 감수했다. 그러나 그는 갈등과 불안, 비애감으로 괴로워하다 2년 뒤 목숨을 끊고 말았다. 20세기 후반, 벽화에 긴 그을음과 때를 지우는 일이 추진되면서 원본 복원에 대한 논의가 이루어졌고, 교섭 끝에 미켈란젤로가 그린 원본과 제자 볼테라가 천을 씌운 상태가 조금씩 존재하게 되었다. 모든 역경마저 〈최후의 심판〉의 일부이며 역사이기 때문이었다.

초인적인 예술가

미켈란젤로의 약 90년 세월은 그리 순탄치 않았다. 외골수에 고집불통이었던 그는 평생 고통과 슬픔, 절망을 겪으며 고독한 삶을 살았다. 하지만 그에게는 예술에 대한 꿈이 있었다. 미켈란젤로는 인간이 추구할 수 있는 완벽을 작품에 담고자 열렬히 창작했다.

미켈란젤로의 성취는 경이 그 자체다. 그는 평생 스스로를 조각가라 주장했다. 미켈란젤로는 좋은 대리석을 보면 그 안에 들어 있는 석상이 보였기에, 그저 끌을 들고 불필요한 요소를 쳐내면 된다고 회고했다. 그런 그가 붓을 들고 그림을 그렸는데, 그야말로 대작이 탄생했다. 미켈란젤로는 시스티나 천장화를 그리기 전에는 프레스코 방식을 배운 적이 없었다. 그럼에도 불구하고 그는 아무런 문제 없이 장엄한 프레스코화를 끝맺었다. 이뿐만이 아니었다. 미켈란젤로는 건축에서도 천재적 영감을 발휘했다. 그는 주변 환경과 기존의 시설을 조화롭게 구성하는 면에서 특히 뛰어났다. 그가 참여한 바티칸의 성 베드로 대성전은 당대를 대표하는 위대한 건축물로 여겨진다. 언제나 조각이 최고로 우월하다고 확신한 미켈란젤로였지만, 그는 자의 반 타의 반으로 제작한 회화와 건축에서도 르네상스를 대표하는 걸작을 남겼다.

밖으로 나왔다. 어스름 저녁이 되자 노점상이 하나둘 벌여 놓았던 물건을 거두었다. 그들의 손길을 잠시 머무르게 한 채로 습관처럼 엽서를 골랐다. 뻔하게도 〈아담의 창조〉 속 손가락이 그려진 것이었다. 길어진 그림자를 따라 걷다가 빈 의자에 앉았다. 연필을 꺼내 흰 여백을 조금씩 채웠다. 미켈란젤로의 작품은 고대했던 것만큼 대단했다, 공간에 머무는 내내 벅차올랐다 따위의 시시콜콜한 내용이 전부였지만, 내면에 형용할 수 없는 감동을 파묻었다. 언젠가 활자 속 불필요한 이야기를 쳐 내어 이때의 기분을 아로새길 수 있기를, 염원을 담아 바티칸 우체국의 노란색 우체통에 들여보냈다.

미켈란젤로를 성가시게 했던 화가, 라파엘로

'스프레차투라 Sprezzatura'라는 흥미로운 단어가 있다. 이탈리아 말로 '경멸'을 뜻하는 이 단어는 르네상스를 거치며 '어려운 일을 쉬운 것처럼 해내는 능력', '어떠한 노력이나 생각 없이 만들어 낸 듯한 무심한 예술'로 그 의미가 넓어졌다. 즉, 스프레차투라의 미덕은 보이지 않는 위대함, 미묘함과 결합에 내재한 잠재성, 그리고 비축된 힘이라 할 수 있다. 이 스프레차투라를 작품에 곧잘 녹여낸 화가가 있었다. 바로 다 빈치, 미켈란젤로와 함께 이탈리아 르네상스 3대 거장 중 한 사람으로 꼽히는 라파엘로 산치오 Raffaello Sanzio da Urbino (1483-1520) 였다.

라파엘로는 1483년에 이탈리아의 우르비노에서 태어났다. 그는 궁정 화가였던 아버지 조반니 산티 Giovanni Santi (c. 1435-1494) 로부터 예술의 기초를 배웠고, 1499년부터 움브리아 파의 지도자였던 피에트로 페루지노 Pietro Peruggino (c. 1446/1452-1523) 의 공방에서 도제 수업을 받았다.

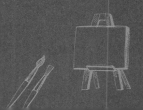

1504년, 라파엘로는 다 빈치와 미켈란젤로가 미술의 경계를 확장하던 피렌체로 갔다. 그는 다 빈치 회화의 특징인 간결한 구조와 빛의 사용, 스푸마토 기법을 익혔고, 미켈란젤로의 작품에서 인체 해부학에 대한 지식을 습득했다. 동시에 자신의 그림에 선의 율동적인 조화와 인물 태도의 고요함, 용모의 청순함 등을 추구하면서 두각을 드러냈다.

1508년, 라파엘로는 교황 율리오 2세의 부름을 받아 로마로 건너갔다. 그는 그곳에서 단박에 인기를 얻었다. 사람들은 라파엘로의 아름다운 외모와 사교적이지만 예의 바른 성품에 찬탄을 금치 못했다. 게다가 다 빈치의 표현력에 미켈란젤로의 소묘 실력까지 갖춘 그의 솜씨는 일절 나무랄 데가 없었다. 라파엘로를 무척이나 신뢰한 교황은 이듬해 그에게 큰 프로젝트를 맡겼다. 바티칸 내부에 있는 서명의 방을 장식하는 일이었다. 당시 미켈란젤로는 교황의 명에 따라 시스티나 대성당 천장에 그림을 그리고 있었다. 주문부터 마음에 내키지 않았지만, 미켈란젤로를 더 성가시게 했던 건 라파엘로가 찾아와 천장화를 유심히 들여다보는 것이었다. 미켈란젤로는 결국 본인만이 볼 수 있도록 커다란 장막으로 그림을 완전히 가렸다. 라파엘로 역시 본격적으로 작업을 시작했다. 그는 서명의 방 천장화를 비롯하여 네 면에 〈아테네 학당 The School of Athens〉, 〈성체의 논의 Disputation of the Holy Sacrament〉, 〈삼덕상 Cardinal and Theological Virtues〉, 〈파르나소스 The Parnassus〉를 완성했다.

네 점의 벽화는 각각 철학, 신학, 법학, 문학의 테마로 그려졌다. 그중 가장 유명한 그림은 철학의 테마를 보여주는 〈아테네 학당〉(c. 1509-1511)이다. 화면 속 공간은 도나토 브라만테 Donato Bramante (1444-1514)가 설계해 막 공사에 착수한 성 베드로 대성당의 내부로, 라파엘로는 완전한 원근법을 따르며 마치 무대와 같은 장소를 구현했다. 벽기둥 양쪽에 있는 두 석상은 왼쪽이 아폴론, 오른쪽이 아테나다. 빛과 지혜를 상징하는 그들은 지식의 보고를 더욱 신성하게 만든다.

〈아테네 학당〉에 등장하는 인물 대부분은 철학자와 천문학자, 수학자로 추측된다.* 벽화의 중앙에서 플라톤 Plato 과 아리스토텔레스 Aristotle 가 철학을 논하며 걸어 나온다. 플라톤은 '티마이오스 Timaeus '라 쓰인 책을 옆구리에 낀 채 이데아에 관해 설명하듯 손가락으로 하늘을 가리킨다. 그의 초상은 우리에게 익히 알려졌듯이 다 빈치의 얼굴이다. 반면에 아리스토텔레스는 '윤리학 Eticha'이라는 책을 허벅지에 받치고 지상을 가리키며 현실 세계를 논변한다. 앞머리가 벗어진 소크라테스 Socrates 는 플라톤을 등지고 선 채 사람들에게 무언가를 설파하고, 명예와 부귀를 천시했던 무욕의 철학자 디오게네스 Diogenes 는 계단 한복판에서 비스듬히 누워 있다.

* 라파엘로가 인물에 대한 구체적인 언급을 하지 않았기 때문에 연구자에 따라 그 해석이 다르다. 본문은 여러 연구를 종합하여 최대한 일치된 정보를 중심으로 정리하였다.

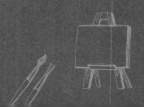

왼쪽 앞에서 열심히 글을 쓰고 있는 사람은 피타고라스Pythagoras이며, 그의 곁에서 수학자 아르키메데스Archimedes가 '아르키메데스의 원리'를 펼쳐 보인다. 중심부 앞쪽에는 철학자 헤라클레이토스Heraclitus가 있다. 그는 대리석 탁자에 기댄 채 사색에 잠겨 있는데, 라파엘로는 그를 미켈란젤로의 얼굴을 빌려 묘사했다. 사실 헤라클레이토스는 '울어대는 철학자'로도 알려졌다. 선배 예술가이자 경쟁 상대였던 미켈란젤로를 고독한 인물로 표현한 라파엘로의 의도가 괜스레 궁금해진다. 오른쪽 앞에서 컴퍼스를 들고 네 명의 제자와 탐구하는 사람은 기하학자 유클리드Euclid로, 그의 얼굴은 공간의 건축가인 브라만테의 초상이다. 마지막으로, 이 모든 장면을 만든 라파엘로는 오른쪽 기둥 뒤쪽에서 검은 모자를 쓴 채 관객을 응시한다.

홀륭하게 프로젝트를 마친 라파엘로는 곧 로마에서 제일 바쁜 화가가 되었다. 그는 1514년 성 베드로 대성당의 수석 건축가로 임명되었고, 이듬해에는 로마의 고대 유물 관리 책임자, 바티칸의 예술 책임자를 맡았다. 라파엘로가 마지막으로 작업한 회화는 〈그리스도의 변용The Transfiguration〉(1519-1520)이었다. 같은 해, 그는 37세의 나이에 이유를 알 수 없는 열병으로 세상을 떠났다.

라파엘로 그림의 특성은 혁신보다는 종합에 가깝다. 그는 그동안 보고 배운 창작물에서 좋은 것을 모아 자신만의 화풍으로 발전시켰다. 플랑드르 미술의 정밀한 관찰법, 다 빈치의 독특한 표현법, 미켈란젤로의 인물묘사와 베네치아파의 특색인 색채주의 등, 우리는 이 전부를 라파엘로의 회화에서 발견할 수 있다. 이러한 이유로 라파엘로의 그림은 전성기 르네상스 미술의 이상인 조화와 균형, 절제의 미덕이 온전히 나타난 걸작으로 여겨진다.

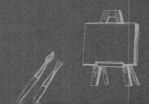

IV

벨라스케스

모든 것은 결국 관점에 달려 있다

망막에 비치지 않는 것은 그리지 말라.

구스타브 쿠르베(Gustave Courbet)

황금시대를 더욱 빛나게

15세기부터 17세기에 걸친 스페인 황금시대는 스페인에서 미술과 음악, 문학이 융성했던 시기를 말한다. 당시 가장 영향력 있던 후원자는 펠리페 2세 Philip II (1527-1598)였다. 1563년, 그는 엘 에스코리알 수도원을 지으며 이탈리아에서 활동하던 예술가를 대거 초빙했다. 이는 스페인 예술 번영의 신호탄이 되었다. 이탈리아에서 르네상스 미술이 만개하고 있을 때, 스페인 화단은 물을 끼얹은 양 잠잠한 실정이었다. 그러던 중 대규모 건물 축조와 함께 엘 그레코 El Greco (1541-1614)를 포함한 거장들이 스페인에 정착하였고, 소위 스페인 스타일이라 불리는 양식이 확립되었다. 그 여파로 예술 공방이 불어났고, 이탈리아 미술을 배운 스페인 회화의 수준이 월등히 높아졌다. 더불어 예술에 대한 수요가 늘었다. 부유한 상류층은 저택을 지어 집에 걸맞은 그림을 의뢰했다. 또 다른 수요층인 교회는 예배당을 꾸미는 데 돈을 아끼지 않았다. 당대의 교회는 종교재판으로 죄인이 된 사람의 재산을 몰수할 권리가 있었고, 동시에 종교재판의 위협에서 벗어나고자 하는 상류층의 엄청난 후원을 받았다. 이러한 사회적 흐름에 따라 화가들에게 숱한 기회가 열렸다. 스페인 황금시대는 4대 화가의 활약으로 크게 번성하였다. 바로 주세페 데 리베라 Jusepe de Ribera (1591-1652), 프란시스코 데 수르바란 Francisco de Zurbarán (1598-1664), 바르톨로메 에스테반 무리요 Bartolomé Esteban Murillo (1617-1682) 그리고 디에고 벨라스케스 Diego Rodríguez de Silva y Velázquez 였다.

화가 중의 화가,
디에고 벨라스케스를 만나다

벨라스케스는 1599년 세비야에서 태어났다. 일찍부터 예술에 재능을 보였던 그는 열두 살이 되던 1611년 프란시스코 파체코 Francisco Pacheco (1564-1644)의 도제로 들어가 약 6년간 고전적인 회화 기법과 기독교 도상학을 배웠다. 대다수의 작가가 그랬듯이 벨라스케스 역시 바로크 화풍의 개척자 카라바조 Caravaggio (1571-1610)의 영향을 받았고, 어두운 바탕에 하나의 빛으로 조명된 사실적인 묘사를 즐겼다. 어느 날, 벨라스케스의 삶이 완전히 달라졌다. 1621년, 열여섯의 나이로 스페인 왕위에 오른 펠리페 4세 Philip IV (1605-1665)의 눈에 들어 궁정화가가 된 것이다. 펠리페 4세는 오직 벨라스케스만이 본인의 초상화를 담당하게 할 정도로 그를 신뢰했다. 1629년, 벨라스케스는 왕의 명에 따라 이탈리아 유학길에 올랐다. 그는 약 1년 반 동안 이탈리아 곳곳을 누비며 베네치아파의 작업을 접했고, 빛을 표현하는 방법을 고안하였다. 특히 그는 빨리 그리면서도 생생한 효과를 낼 수 있는 '알라 프리마 alla prima' 기법에 몰두했다. 벨라스케스가 다시 로마를 찾은 것은 그로부터 20년 뒤였다. 이번에는 작품을 구매하고, 이탈리아 미술가를 스페인으로 초빙하기 위해 나선 것이었다. 두 번의 이탈리아 여행을 제외하고, 벨라스케스는 일평생 마드리드와 인근의 왕궁에 거처하였다. 1652년, 그는 왕의 특별 임명으로 궁정 의전관이 되어 왕실을 돌보았다. 아울러 〈시녀들〉과 같은 역작을 창작하는데도 게을리하지 않았다. 1660년, 스페인과 프랑스의 오랜 전쟁이 끝났다. 양국은 우호의 표시로 루이 14세 Louis XIV (1638-1715)와 마리아 테레사 Maria Theresa (1638-1683) 공주의 결혼을 추진했다. 이 중대한 결혼식의 장식을 맡은 책임자는 물론 벨라스케스였다. 일을 마치고 마드리드로 돌아온 그에게 갑자기 원인을 알 수 없는 열병이 덮쳤다. 벨라스케스는 결국 건강을 회복하지 못했고, 같은 해 8월 세상을 떠났다.

보는 것과 보이는 것의 순환,
〈거울 속의 비너스 Rokeby Venus〉

거울 속의 비너스
캔버스에 유채. 122.5×177cm.
런던 내셔널 갤러리 (1647-1651년경).

〈거울 속의 비너스〉는 벨라스케스가 그린 네 점의 나체화 중 유일하게 남아 있는 작품으로, 한때 요크서의 로커비 저택에 소장되어 있어 '로커비 비너스'라고도 불린다. 어디서든 누드화를 감상할 수 있었던 이탈리아와 달리, 혹독한 종교재판의 전통이 남아 있던 스페인에서는 신화를 소재로 한 나체화를 찾기 어려웠다. 권력자의 비밀스러운 주문에 의해 그려졌을 가능성이 높은 〈거울 속의 비너스〉는 종교재판소의 감시를 피해 은밀히 소장되어 있다가 나중에야 세상에 알려졌다.

비너스는 침대에 나른하게 기대어 있다. 그녀는 어떠한 신화적인 도구 없이 그녀 자체만으로 존재한다. 매혹적인 여인의 뒷모습은 풍부한 붓 터치와 생동감 있는 색채 덕분에 마치 만져질 듯 생생하다. 금발 머리로 비너스를 묘사한 대부분의 회화와 달리, 벨라스케스는 그녀를 갈색 머리로 표현했다.

그럼에도 그녀를 비너스라 확신할 수 있는 이유는 그녀 옆에 있는 아들 큐피드 덕이다. 큐피드는 평소 들고 있는 활과 화살이 아닌 거울을 잡고 있다. 각도와 머리 크기가 약간 이상하지만, 거울에는 비너스의 얼굴이 비친다. 그녀는 거울에 비친 상을 통해 그림을 보는 관람자를 내다본다. 관객은 그녀의 뒤태를 보고, 그녀는 보는 이의 정면을 응시하는 기묘한 상황이 벌어진 것이다. 벨라스케스는 비너스가 화면 밖의 관람자를 보게 함으로써 우리의 시선을 작품에 포함하였다. 거울에는 분홍색 실크 리본이 얽힌 채로 드리워져 있다. 리본의 의미에 대해서는 미술사학자 사이에 의견이 분분하다.

이에 따르면 리본은 큐피드가 연인을 속박하는 데 쓴 족쇄를 암시하는데, 〈거울 속의 비너스〉에서는 거울을 걸기 위한 용도로, 혹은 비너스의 눈을 감싸는 데 사용할 가리개로서 역할을 한다.

벨라스케스 특유의 검은색으로 채색된 침대 시트는 인체의 형태와 피부색을 부각하고, 붉은색 커튼은 화폭에 만연한 관능적인 분위기를 배가시킨다.

대중이 사랑하는 걸작이 반달리즘의 표적이 되는 경우가 종종 있다. 〈거울 속의 비너스〉도 예외는 아니었다. 〈거울 속의 비너스〉는 영국인들의 모금과 국왕 에드워드 7세 Edward Ⅶ (1841-1910)의 헌금으로 구매되어 내셔널 갤러리에 걸려 있었다. 1914년 어느 날, 여성 참정권 운동가 메리 리처드슨 Mary Richardson (c. 1882/1883-1961)이 투옥된 동료를 석방하라는 구실을 내세우며 비너스의 등에 여러 차례 면도칼을 그었다. 지금은 복원되었지만, 비너스의 등에는 여전히 아물지 않은 상처가 희미하게 남아 있다.

오만방자함의 결말,
〈실 잣는 사람들 The Spinners〉

〈아라크네의 우화〉로도 알려진 벨라스케스의 〈실 잣는 사람들〉은 그리스 신화를 영리하고 복잡하게 구현한 작품이다. 이 이야기는 로마 제국 시대의 시인, 푸블리우스 오비디우스 나소 Pūblius Ovidius Nāsō 가 쓴 《변신 이야기》(AD 8)로 살펴볼 수 있다. 전경에는 두 명의 여인이 있다. 젊은 여성은 아라크네로, 그녀의 훌륭한 직물 기술은 이웃들로부터 찬사를 들었다. 기고만장한 그녀는 스스로 직물의 여신 아테나보다 실력이 뛰어날 것이라 자부했다. 아라크네의 허세를 들은 아테나 여신은 노파로 분장해 그녀 앞에 나타났고, 신에게 겸손하라며 점잖게 타일렀다. 하지만 그녀가 여신일지 꿈에도 몰랐던 아라크네는 당연히 그 충고를 무시했다. 아테나는 그녀의 거만함에 화가 났고, 대결을 제안했다.

인물의 동작은 정확한 묘사를 생략한 특유의 붓질로 인해 한결 활달하게 느껴진다. 오른편에서 실을 다듬는 여인은 아라크네고, 왼편에서 물레를 돌리는 노파는 분장한 아테나다. 전쟁의 여신이기도 한 그녀는 주로 갑옷과 투구 차림으로 그림에 출현했지만, 〈실 잣는 사람들〉에 드러난 외양은 그와 사뭇 다르다. 벨라스케스는 주름진 얼굴과는 달리 다리를 매끈하게 표현하면서 그녀가 여신임을 넌지시 알렸다. 그녀들 주위에서 세 명의 보조가 경쟁을 돕는다. 중앙의 여성은 찌꺼기를 골라내고, 양쪽의 여자들은 양털을 가져온다.

실 잣는 사람들

캔버스에 유채. 220×289cm.
프라도 미술관 (1655-1660년).

바닥에 혼재한 실뭉치와 그것을 깔고 앉은 고양이는 이곳이 어수선한 작업장이라는 것을 시사한다. 그러나 어느 대상에도 확실한 경계선은 없다. 무엇보다 눈여겨볼 것은 아테나가 돌리는 물레다. 실이 보이지 않는 물레바퀴는 빠르게 돌아가는 속도를 내포한다.

대결 후의 이야기는 뒷배경의 무대에서 펼쳐진다. 노파의 두건을 벗어 던진 아테나는 팔을 치켜들고 분노한다. 자기의 실력보다 훨씬 뛰어난 아라크네의 재능에 질투도 났지만, 그보다는 아라크네가 짠 태피스트리의 내용이 문제였다. 벽에 걸린 완성작을 보면, 아라크네는 티치아노 베첼리오Tiziano Vecellio (c. 1488/1490-1576)의 〈에우로페의 납치 The Rape of Europa〉(1559-1562) 이야기를 직물에 담았다. 제우스가 흰색 황소로 변신해 페니키아의 공주 에우로페를 납치하는 격정적인 순간이다. 아테나는 아라크네가 제우스의 방탕함을 드러내며 그를 조롱한 것으로 해석했다. 사색이 된 아라크네는 그만 고개를 돌리고 말았다. 진노한 여신은 아라크네를 거미로 만들어 평생 실을 만들어야 하는 운명에 가두었다. 실제로 젊은 여인의 이름 아라크네Arachne 는 그리스어로 '거미'라는 뜻을 지녔다.

수수께끼 같은 그림,
〈시녀들 Las Meninas〉

의문스러운 작품이 있다. 분명 화면에 사람이 많은데, 누구를 주연으로 놓았는지 짐작하기 어렵다. 게다가 화가는 왜 등장하는지, 그의 앞에 있는 캔버스와 지금 우리가 보고 있는 화폭은 상이한 것인지 궁금증에 휩싸인다. 더욱이 인물의 시선이 닿는 끝에 누가 있는지 모르겠다. 그들의 눈빛이 무척 생생하여 어쩌면 지금 그림을 보는 우리를 주시하는 게 아닐까 하는 착각이 인다. 마지막으로, 제목은 왜 중심인물과 극히 거리가 멀어 보이는 '시녀들'일까. 벨라스케스의 작품을 감상하는 그 짧은 찰나에 무수한 물음이 떠오르며 이내 어려운 문제를 직면한 것처럼 골머리가 쓰인다.

〈시녀들〉은 단연 벨라스케스의 대표작으로, 높이가 3m에 이른다. 첫인상은 마르가리타 Margarita Teresa (1651-1673) 공주와 시녀들에 꽂힌다. 그러다 왼편에 놓인 큰 캔버스와 그 뒤의 화가로 눈길이 간다. 자연스레 그가 거울을 보며 자신과 공주 일행을 그린 것이라 생각이 든다. 그러나 여기에는 커다란 반전이 숨어 있다. 후경에 진정한 이 날의 주인공이 그려진 것이다. 직사각형의 작은 거울에 비친 형상은 왕과 왕비의 초상이다. 이제야 전개를 알 것도 같다. 화가는 왕과 왕비를 그리고 있었고, 공주와 그 일행은 초상화 제작 현장을 찾아온 손님들이었다. 벨라스케스는 이 단순한 방문을 뒤집어 기발하게 재구성했다. 관객의 시점과 국왕 부부의 시점이 일치하고, 이는 다시 〈시녀들〉을 그리는 벨라스케스의 시점과 일치한다. 벨라스케스는 절묘한 짜임새를 통해 예술가와 모델, 그리고 관람자의 관계를 완전히 다른 차원으로 비틀어버리는 데 성공했다.

〈시녀들〉의 등장인물은 스페인 미술가 안토니오 팔로미노 Antonio Palomino (1655-1726)의 《스페인 화가들의 연대기》(1724)에서 확인할 수 있다. 공주 마르가리타는 훗날 오스트리아의 레오폴트 1세 Leopold I (1640-1705)와 결혼하는 인물로, 그림이 그려지던 때 다섯 살이었다. 공주의 오른쪽에서 무릎을 꿇고 물을 건네는 시녀는 도냐 마리아 Doña María Agustina Sarmiento 고, 왼쪽에서 허리를 숙여 인사하는 이는 시녀 도냐 이사벨 Doña Isabel de Velasco 이다. 이사벨 뒤에서 수녀의 옷을 입은 여인은 왕비의 시녀장인 도냐 마르셀라 Doña Marcela de Ulloa 고, 그 옆에는 왕비의 수행원으로 추정되는 남성이 있다. 문밖의 복도에 서 있는 남자는 호세 니에토 벨라스케스 Don José Nieto Velázquez로, 왕비의 숙사관리인이다. 연구자들은 같은 성으로 인해 이 남자가 벨라스케스의 친척이었을 것이라 추측한다. 오른쪽 앞에는 개가 있고, 그 뒤로 난쟁이 마리-바르볼라 Mari-barbola 가 있다. 개의 등에 왼발을 올린 난쟁이는 니콜라시토 페르투사토 Nicolás Pertusato 로, 난쟁이 마리-바르볼라와 구별하기 위해 '작은 꼬마'라고도 부른다. 궁정의 하인 중 일부였던 광대의 사회적 지위가 그리 낮지 않았던 반면, 난쟁이는 살아 있는 장난감이자 시동 역할을 했다고 전해진다.

시녀들
캔버스에 유채. 318×276cm.
프라도 미술관 (1656년).

거울에 비친 두 사람은 마르가리타의 부모인 국왕 펠리페 4세와 그의 부인 마리아나 왕비 Mariana de Austria (1634-1696)다. 마지막으로 화면 왼쪽의 예술가는 벨라스케스의 자화상이다. 그는 본인을 캔버스 앞에 있는 전통적인 화가의 도상으로 그리며 예술 창작과 회화의 고결함을 상징적으로 보여주었다.

〈시녀들〉의 묘미 중 하나는 벨라스케스만의 필력에 있다. 사실 세부 묘사를 살피면 깜짝 놀랄 수밖에 없다. 거의 모든 부분을 빠른 필치로 물감을 뭉개며 그렸기 때문이다. 심지어 공간과 사람 간의 구분마저 어떠한 명료성 없이 그저 색감으로 무너뜨렸다. 가까이 보면 덩어리지만, 멀리서 보면 섬세하고 정교하다. 벨라스케스는 적은 색상을 활용해 다채롭게 그리는 방법을 탐구했다. 그는 객체를 단순화 한 뒤 두꺼운 물감을 겹쳐 피부, 머리카락, 의상 등을 표현했다.

벨라스케스는 작품의 제목을 따로 정하지 않았다. 제목은 "시녀들 및 여자 난쟁이와 함께 있는 마르가리타 공주의 초상화", "가족도", "펠리페 4세의 가족" 등으로 몇 차례 수정되다가 1843년 현재까지 이어지는 〈시녀들〉로 지정되었다. 왕실 소유였던 〈시녀들〉은 19세기 초에 프라도 미술관으로 옮겨졌다. 소수의 인물만이 볼 수 있었던 거작이 일반 대중에게 공개되면서 주목을 받기 시작하였고, 연구가 활발히 진전되었다. 그러나 이 그림의 명확한 의미에 대해서는 여전히 학자들 사이에서도 의견이 다양하다.

품격 있는 혁신가

1985년, 당시 100년이 넘는 역사를 자랑하던 영국 잡지《일러스트레이티드 런던 뉴스》에서는 미술 전문가들을 대상으로 설문조사를 진행했다. '인간이 창작한 예술 중에 가장 위대한 명작'을 뽑는 것이었다. 1위에 오른 그림은 단연 벨라스케스의 〈시녀들〉이었다. 파블로 피카소Pablo Picasso(1881-1973)에 얽힌 일화도 명성을 높이는 데 한몫했다. 〈시녀들〉에서 받은 영감이 얼마나 컸던지, 피카소는 1957년에 이를 재해석하여 총 58점의 시리즈를 만들었다. 〈시녀들〉 덕분에 스페인 마드리드는 언제나 가고 싶은 여행지 중 첫 순위로 꼽힌다. 실은 당장이라도 떠나고 싶어 엉덩이가 딸막거린다. 프라도 미술관에서 벨라스케스가 남긴 수수께끼를 직면하면 어떤 기분일까. 그의 치열한 창작 과정을 면밀히 살피고, 혼란한 구도에 또 한 번 혼미하고, 흩날리듯이 자유로운 붓질을 따라 노닐다 보면 아주 가느다란 실마리를 찾을 지도 모른다.

벨라스케스는 우아한 궁정에 머물면서 순수한 회화 요소인 빛과 색을 중심으로 '그리는 방법' 자체를 혁신했다. 그가 추구한 미적 가치는 새로움과 탁월함이었다. 그는 늘 참신한 기교와 표현법을 실험했고, 예상을 뒤집는 반전의 구도를 선보이며 예술가와 지식인을 매료시켰다. 그의 신선한 미의식은 18세기 프란시스코 고야 Francisco José de Goya y Lucientes(1746-1828), 19세기의 에두아르 마네 Édouard Manet 와 인상주의자들, 20세기 피카소, 살바도르 달리 Salvador Dalí (1904-1989), 프랜시스 베이컨

Francis Bacon (1909-1992)과 미셸 푸코 Paul-Michel Foucault (1926-1984)에 이르는 미술사 안팎의 수많은 인물에게 영향을 끼쳤다. 과연 화가 중의 화가답다. 벨라스케스는 "수준 높은 미술에서 2등이 되기보다는 평범한 것들의 1등이 되겠다"던 그의 목표를 한참 뛰어넘는 거장이 되었다.

귀족이 되고 싶었던 화가

　　벨라스케스의 〈시녀들〉에는 수많은 매력이 있지만, 그중 우리의 눈을 사로잡는 부분은 아무래도 화가의 자화상이다. 단발 곱슬머리에 진지한 눈빛, 곡선으로 뻗은 콧수염, 붓을 쥐고 있는 섬세한 오른손과 팔레트 구멍으로 삐죽 나온 왼손의 엄지손가락, 팔레트에 혼재한 여러 색의 물감과 그 밑으로 쥐어진 한 줌의 붓대까지. 게다가 붉은 물감으로 막 그려 넣은 듯 유독 눈에 띄는 문양이 그의 가슴팍에 새겨져 있다. 바로 산티아고 기사단의 붉은색 십자가로, 당시 순수한 혈통의 귀족만이 가입할 수 있는 집단의 상징이었다. 여기에는 벨라스케스의 염원과 노력이 아로새겨져 있다.

　　17세기 스페인은 미술의 황금시대였지만, 예술가라는 직업은 존경받지 못하는 신분이었다. 노동력을 판다는 것 자체가 비천한 일로 여겨졌기 때문이었다. 화가들은 높은 지위를 열망했고, 벨라스케스 역시 귀족이 되

는 것을 삶의 중요한 목표로 삼았다. 스물두 살의 나이에 궁정화가가 된 벨라스케스는 넓은 궁정에서 생활했고, 왕과 왕족의 초상화를 그리는 임무를 맡았다. 사실 그들의 얼굴을 그려 기록으로 남기는 것은 화가로서 흥미로운 일은 아니었을 것이다. 그러나 벨라스케스는 왕족들의 초상을 매혹적으로 묘사하면서 자신의 입지를 군혔다. 그는 또한 왕실 내의 다양한 보직을 거치며 영향력을 넓힐 방법을 찾았다. 벨라스케스는 점점 이젤 앞에서 보내는 시간을 줄였고, 왕실 의례에 더 오랜 시간을 할애했다. 1652년에 이르러 그는 궁정 의전관 자리에 올랐지만, 아직 최종 목표를 이룬 건 아니었다. 벨라스케스의 꿈은 산티아고 기사단의 일원이 되어 고귀한 지위를 확보하는 것이었다.

벨라스케스는 기사단이 되기 위해 그의 조상에 대한 복잡한 심사를 거쳤다. 백 명이 넘는 주변 증인들이 심문을 받기까지 했다. 하지만 시도는 번번이 좌절로 끝났다. 1658년, 국왕 펠리페 4세가 기사단 제복을 벨라스케스에게 하사하면서 그의 노력이 결실을 보나 싶었지만, 산티아고 기사단 심의회는 그에게 부여한 특혜가 정당한 것인지 의문을 제기했다. 이듬해인 1659년, 벨라스케스는 마침내 교황의 특별허가를 받고 기사단의 일원이 되었다. 이때가 그의 걸작 〈시녀들〉이 그려지고 3년 뒤였으니, 그림 속 십자가는 완성 이후에 덧그려졌음을 알 수 있다.

누가 그의 옷 위에 십자가를 더했는지에 대해서는 의견이 분분하다. 먼저, 벨라스케스가 다시 한번 붓을 들어 본인이 왕실로부터 인정받은 예술가라는 것을 공고히 했다는 설이 있다. 또한, 안토니오 팔로미노가 남긴 기록에 따르면, 십자가는 벨라스케스 사후 국왕 펠리페 4세의 명에 따라 그려졌으며, 국왕이 직접 십자가를 그려 넣었을 가능성도 있다. 그게 누구든지 간에, 그 인물은 커다란 명작 앞에서 아무런 문양이 없는 화가의 옷을 한동안 응시했을 테다. 그리고 붓으로 붉은 물감을 어루만지며 벨라스케스의 성취를 찬미했을 것이다. 문득 작품의 아주 작은 일부분인 붉은색 십자가가 괜스레 야속하면서 사뭇 대단하다. 이 상징의 영예가 당대 얼마나 영광스러운 일이었는지 조금은 짐작할 것도 같다.

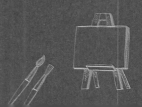

V

렘브란트
흐트러진 자아를 조명한다는 것

작가가 자신의 의도를 깨달았을 때
작품은 완성된다.

렘브란트 반 레인(Rembrandt van Rijn)

일그러진 진주의 일생

　렘브란트 반 레인 Rembrandt van Rijn 은 네덜란드가 낳은 17세기 최고의 화가이며, 서양 미술사상 가장 위대한 예술가 중 한 명으로 꼽힌다. 그런데 이 대단한 거장은 다른 작가보다 유독 친밀하게 느껴진다. 렘브란트가 꿈을 펼치던 청년 시절부터 불굴의 의지를 반영한 외로운 노년에 이르기까지 그의 전 생애를 망라한 일련의 자화상을 남겨놓은 덕분이다. 모든 작품에는 예술가의 내면과 그의 사상이 나타나기 마련이지만, 특히 자화상은 더욱 노골적이다. 지극히 자전적인 이야기를 할 수 있는 좋은 수단이자, 표현하려는 주제를 본인의 형상에 투영하여 피력할 수 있기 때문이다. 렘브란트는 일평생 자신을 적나라하게 드러내며 존재 의미를 찾고자 부단히 노력했다.

명암으로 감정을 풀어낸 화가,
렘브란트 반 레인을 만나다
#네덜란드 암스테르담

　네덜란드 암스테르담에 도착했다는 안내 방송이 설핏 들렸다. 주섬주섬 짐을 챙겼고, 빨간 기차를 떠나보냈다. 암스테르담 중앙역은 전통과 현대가 공존하는 다채로운 역사다. 12세기경, 암스텔강에 둑을 쌓아 건설된 도시인 암스테르담은 그 기원 그대로 '암스텔강의 댐'이라는 의미가 있다. 중앙역에서 큰길을 따라 십 분 정도 거닐다 보면, 네덜란드 왕궁과 담 광장이 눈에 든다. 사람들의 만남의 장소인 이곳은 사방이 복작댄다. 돌연 햇빛이 눈두덩을 눌렀다 떼다. 페이드 인 되는 무대 위에는 활기찬 움직임이 즐비했다. 찰나의 연극에 아득한 것도 잠시, 오른쪽 골목으로 몸을 틀었다. 여행의 목적지는 렘브란트의 집이다. 사실 누군가의 집을 방문하는 것은 퍽 사적인 일이다. 어린 시절, 친구의 집에 놀러 가는 행위는 내가 그 친구와 절친한 사이가 되었다는 것을 증명하는 셈이었다. 게다가 각 가정에는 저마다 삶의 양식이나 특별한 분위기가 만연한데, 그 사사로운 공기를 들이마실수록 우정은 더 끈끈해졌다. 렘브란트가 1639년부터 1660년까지 살았던 암스테르담의 집도 마찬가지였다. 그의 침실과 부엌, 그리고 오르내리던 계단의 삐걱거리는 소리는 렘브란트의 삶을 대변하고, 고스란히 보존된 화가의 이젤과 작업의 소재가 된 수집품 등은 미술에 대한 그의 열렬한 애정을 여실히 드러낸다.

    ❝ 렘브란트의 집에는 그림을 그리던 이젤,
작품의 소재가 된 박제품과 수집품,
그가 오르내리던 계단과 침실까지 볼거리가 가득하다. ❞

렘브란트는 1606년, 대학 도시 레이덴에서 부유한 제분업자의 아들로 태어났다. 열네 살이 된 렘브란트는 아버지의 권유로 레이덴 대학에 입학했지만, 예술가의 꿈을 품고 학문을 포기했다. 그는 이탈리아에서 귀국한 화가 야콥 반 스와넨부르크 Jacob Van Swanenburg (1571-1638)로부터 3년간 미술의 기초를 익혔고, 이후 암스테르담으로 떠나 역사화가 피터르 라스트만 Pieter Lastman (1583-1633) 밑에서 짧게 도제 생활을 거쳤다. 1634년, 렘브란트는 명문가의 딸 사스키아 오일렌부르크 Saskia van Uylenburgh (1612-1642)와 혼인하였다. 그들은 안정된 생활을 꾸리며 행복한 나날을 보냈다. 그러나 1642년, 부인의 죽음과 함께 렘브란트의 삶이 무너지기 시작했다. 그는 아내로부터 상당한 유산을 상속받았지만, 작품에 대한 인기가 식으면서 결국 빚더미에 올라앉았다. 그 와중에 아들 티투스 Titus 의 성장과 연인 헨드리키에 Hendrickje Stoffels 의 내조는 렘브란트의 예술을 한결 원숙하게 이끌었다. 1656년, 렘브란트는 경제적 어려움을 극복하지 못하고 파산을 선고했다. 1662년 헨드리키에가 세상을 떠나고, 티투스마저 1668년에 죽자 그는 절망에 빠졌다. 이듬해, 렘브란트는 생애 마지막 자화상을 담담하게 남긴 뒤 숨을 거두었다.

지식에 대한 갈구,
〈니콜라스 튈프 박사의 해부학 강의
The Anatomy Lesson of Dr. Nicolaes Tulp〉

〈니콜라스 튈프 박사의 해부학 강의〉는 과거의 도상과 확연히 다르다. 이전의 집단초상화는 주로 동일한 조명 아래서 딱딱한 포즈를 취한 단체초상이 대다수였다. 반면, 렘브란트의 화폭에는 비대칭적인 구도와 여러 인물이 만드는 역동적인 구성이 존재한다. 더욱이 그는 단순한 초상화가 아닌 극적인 미장센을 만들며 장르의 관습을 근본적으로 바꾸었다.

주인공은 저명한 외과 의사였던 니콜라스 튈프 Nicolaes Tulp (1593-1674) 박사다. 그의 본명은 클라크 피테르존 Claes Pieterszoon 이었는데, 튤립을 대단히 좋아한 나머지 그의 상징으로 삼고, 이름마저 튈프로 바꾸었다. 튈프 박사는 싸늘히 식은 시신 앞에서 강의를 펼친다. 그는 시체의 발아래에 세워놓은 베살리우스 Andreas Vesalius (1514-1564)의 저명한 해부학 저서, 《인체해부학》를 참고로 전완근에 관해 설명한다. 당시 네덜란드인들은 해부학 지식을 교양인의 덕목으로 여겼다. 진정한 교양인이라면 인간의 몸이 어떻게 생겼는지 알아야 한다고 믿었던 것이다. 시체는 아드리안 Adriaan Adriaanszoon 으로, 무장강도의 죄목으로 당일 아침 교수형에 처했다. 왼편에는 튈프 박사의 말과 손짓에 집중하는 일곱 명의 동료 의사가 모여있는데, 그들의 눈에는 두려움과 호기심이 섞여 있다.

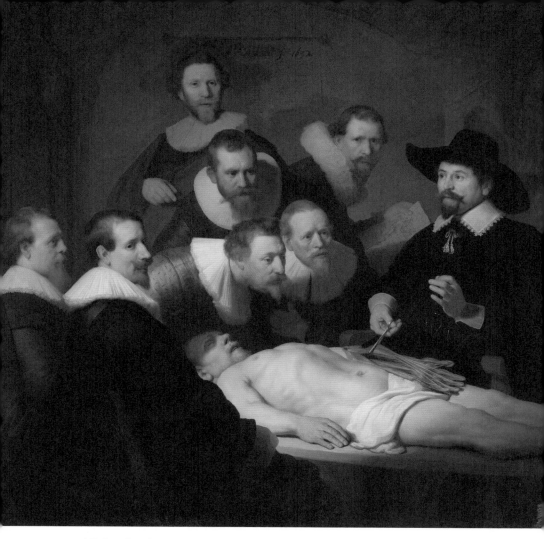

니콜라스 튈프 박사의 해부학 강의
캔버스에 유채. 169.5×216.5cm.
마우리츠호이스 미술관 (1632년).

　의사들은 강의에 집중하거나 시체를 들여다보고, 수업의 내용과 책을 비교하는 등 각자의 방식대로 지식을 흡수한다. 광원이 분명치 않은 렘브란트 특유의 빛과 어둠은 작품의 또 다른 특징이다. 렘브란트는 15세기 명암 처리법인 '키아로스쿠로chiaroscuro'를 적용하여 독특한 명암법을 만들었다. 키아로스쿠로는 이탈리아어 '밝다'와 '어둡다'의 합성어로, 서양화 특유의 사실적인 빛과 그림자의 대비를 칭한다. 렘브란트는 이탈리아 유학을 다녀온 적이 없지만, 명암 대비를 활용하고 음영을 풍부하게 처리함으로써 화면에 생동감을 부여했다. 튈프 박사는 오른손으로 메스를 쥔 채 한 가닥의 근육을 들어 올리고, 왼손으로 설명하는 동작을 취한다. 그의 두 손에 쏘인 직접적인 빛은 사람들의 이목을 집중시키고, 시체에서 들어 올린 짙은 붉은색의 근육과 흰색의 피부는 극적인 효과를 한층 드높인다. 나아가 강의를 듣는 의사들의 뺨은 호기심과 새로운 진실을 발견하는 기쁨으로 발갛게 상기되어 있는데, 이 역시 창백한 시체의 피부와 대조되며 생기를 더한다. 렘브란트는 〈니콜라스 튈프 박사의 해부학 강의〉를 그린 후 부유한 귀족들의 초상화 제작을 독점하게 되었다.

두 가지 비밀,
〈야간 순찰 The Night Watch〉

〈야간 순찰〉, 또는 〈야경〉이라 알려진 작품의 본래 제목은 〈프란스 반닝 코크 대장의 민방위대〉였다. 1640년 무렵, 프란스 반닝 코크Frans Banning Cocq (1605-1655)는 렘브란트에게 암스테르담의 도시 민병대 본부 건물에 걸 집단초상화를 의뢰했다. 렘브란트는 이번에도 관례를 완전히 뒤엎었다. 총과 창으로 무장한 한 무리의 사나이들이 한낮의 훈련을 위해 무기고를 떠나는 동태를 역동적으로 그려낸 것이다. 제목이 〈야간 순찰〉인데 한낮의 정경을 담았다니 여간 이상한 게 아니다. 그런데 자세히 보니 전면의 남성들에게 쏟아지는 햇빛은 밝기만 하다.

이 그림에는 두 가지 비밀이 있다. 첫 번째 비밀은 작품의 본래 크기다. 런던 내셔널 갤러리에 소장된 게리트 룬덴스Gerrit Lundens (1622-1686)의 모사품과 비교하면 렘브란트 〈야간 순찰〉의 일부가 잘렸다는 것을 알 수 있다. 렘브란트는 원래 세로 4m, 가로 5m에 달하는 엄청난 크기로 작업에 착수했다. 하지만 국민병 본부 벽에 걸기에는 너무 컸던 모양이다. 그들은 당대의 군인다운 결단력으로 문제를 해결했다. 바로 네 면의 가장자리를 잘라 버리는 것이었다. 이러한 조치는 19세기 이전에 일반적으로 이루어지던 관행이었다. 두 번째 비밀은 제목과 관련되어 있다. 〈야간 순찰〉이 걸린 장소가 부대였는데, 그곳은 그림이 제대로 보존되기에는 열악한 환경이었다. 엄청난 그을음을 내는 난로 탓에 표면의 광택이 검게 그을

렸고, 화면은 날이 갈수록 어두워졌다. 그렇게 한 세기가 지나자 대중은 이 거작의 내용을 밤에 일어나는 기습 장면으로 여기게 되었고, 자연스레 〈야간 순찰〉이라 불렀다.

화면에 나타나는 34명 중에서 실존 인물은 18명의 민병대원뿐이고, 나머지는 상징적인 초상이다. 그들은 작품에 등장하는 조건으로 각자 약 100길더를 지급했다고 전한다. 이는 일반인들의 3개월분 월급과 맞먹는 돈이었기에 아무나 쉽게 지불할 수 있는 것은 아니었다. 큰마음을 먹고 돈을 쓴 민병대원들은 렘브란트가 자기의 얼굴을 될 수 있는 한 뚜렷하게 그려주기를 바랐다. 그러나 그들 상당수는 어둠 안에 배치되거나 서로 겹쳐서 보이지 않았다. 이에 불만을 품은 주문자 중 몇몇은 그림값을 돌려받고자 이 일을 법정으로 가져갔다. 비록 모두의 형체가 잘 드러난 것은 아니었지만, 그들의 이름은 문 위의 방패에 새겨져 현재까지 전해오고 있다.

야간 순찰
캔버스에 유채. 363×437cm.
암스테르담 국립 미술관 (1642년).

군중 가운데 유달리 시선을 끄는 사람들이 있다. 검은 정복에 빨간 띠를 두른 프란스 반닝 코크 대위와 밝은 노란색 옷차림의 빌렘 반 로이텐 부르흐 Willem van Ruytenburch (1600-1652) 중위다. 좌측에서 소총에 화약을 장전하고 있는 붉은 옷의 남자는 마치 소총이 가벼운 것처럼 들고 있다. 실제로 저 총은 무게가 6kg나 되는 무거운 것으로 알려졌는데, 이를 보면 렘브란트가 소총병을 해본 적이 없다는 사실을 알 수 있다. 그의 뒤로 금발 머리에 진주 장식을 달고, 노란 드레스를 입은 소녀가 있다. 소녀는 상징적인 인물로, 허리춤에 찬 수탉은 민병대의 표상인 맹금류의 발을 암시한다.

렘브란트는 바로크적인 빛과 인물의 역동적인 자세를 통해 격앙된 감정을 전달하고, 생생한 묘사로 현실감을 강조하였다. 또한, 코크 대장이 어깨에 두른 붉은 띠와 사수의 붉은 제복, 그리고 부관의 황금빛 옷과 소녀의 노란 드레스에 통일감 있는 색을 사용하며 전체적으로 조화를 이루었다. 현재 〈야간 순찰〉은 르네상스의 선적인 양식에서 바로크의 회화적인 양식으로 변화를 이끈 선구적인 명작으로 매우 큰 의미가 있지만, 이 그림이 처음 나왔을 때는 렘브란트의 인생에 어려움을 가져다준 작품이 되고 말았다.

이토록 숭엄한 사랑,
〈돌아온 탕자 The Return of the Prodigal Son〉

한 아들이 아버지로부터 자기 몫의 재산을 미리 받아 먼 객지로 떠났다. 하지만 그는 방탕한 생활을 이었고, 이내 재산을 모두 탕진했다. 돼지치기로 전락한 아들은 남의 집 더부살이로 연명하다 그제야 정신을 차렸다. 그는 지난날의 잘못을 뉘우치고 집으로 향했다. 멀리서 아들이 돌아오는 모습을 본 아버지는 달려가 아들을 포옹했고, 성대한 잔치를 벌였다. 밭에 나가 일을 하고 돌아온 큰아들은 눈앞에 펼쳐진 상황이 못마땅했다. 아버지는 큰아들에게 동생이 돌아온 것을 기쁘게 생각하라며 타일렀다. 우리에게 익숙한 이 사연은 신약성서의 누가복음 15장에 수록된 '돌아온 탕자' 이야기다.

렘브란트는 줄거리 중 인간의 사랑과 용서, 포용이 나타나는 부분을 택해 〈돌아온 탕자〉를 그렸다. 화폭을 구성하고 있는 요소는 헨리 나우웬 Henri Nouwen (1932-1996)의 책 《탕자의 귀향》을 바탕으로 자세히 살펴볼 수 있다. 아버지는 지난날의 고통과 슬픔의 감정을 억누르며 아들을 맞이한다. 그런 아버지의 시선에는 초점이 없다. 나우웬은 아버지가 아들을 기다리며 하루도 쉬지 않고 눈물로 밤을 지새워 눈이 짓물러 멀었다고 서술한다. 밝은 빛으로 강조된 아버지의 인자한 얼굴과 흰 수염, 그리고 다정한 손길은 인간을 조건 없이 사랑하는 하느님을 연상시킨다.

돌아온 탕자

캔버스에 유채. 262×205cm.
에르미타주 박물관 (1668년경).

아버지 앞에 무릎을 꿇은 아들의 꼴은 왜소하고 초라하다. 흡사 쥐어뜯긴 것처럼 머리는 듬성듬성 빠져있고, 남루한 누더기를 걸쳤다. 그야말로 죄 많은 인간의 상이다. 그의 왼쪽 신발은 벗겨져 맨발이며 오른발만이 가까스로 신발을 신고 있다. 오른편 허리춤에는 그의 신분을 드러내는 작은 칼이 있다. 처참한 환경에서도 이 칼만큼은 팔 수 없었던 게 아닐까. 전부를 잃은 자의 용모지만, 아버지의 품속에서 비로소 평온한 표정이다. 내리쬐는 빛은 재회한 부자에게 맞추어져 있고, 오른편의 큰아들과 다른 두 인물은 빛에서 살짝 비켜나 있다. 그들은 무표정으로 아버지와 탕자의 재회를 바라본다. 그들은 시샘과 무정, 죄악을 시사한다.

〈돌아온 탕자〉에서 주목할 점은 아버지의 손이다. 아들을 감싸 안은 그의 양손이 언뜻 보기에도 서로 다르다. 오른손은 부드러운 여성의 손이고, 왼손은 거친 남성의 손이다. 일부 연구자들은 두 손이 어머니와 아버지의 사랑을 의미하고, 또 용서와 치유를 내포한다고 말한다. 아버지의 양손이 각기 다른 것처럼 큰아들의 양손도 상이하다. 한 손은 어둡고, 한 손은 밝다. 어두운 오른손이 왼쪽의 밝은 손을 짓누르고 있다. 참회와 사랑, 그리고 시기와 질투 사이에서 갈등하는 인간 내면의 복잡한 심경이 스며 나온 듯하다.

렘브란트는 단연 빛의 예술가로 잘 알려졌지만, 성경을 주제로 숱한 작업을 남긴 종교 화가이기도 했다. 〈돌아온 탕자〉는 그가 세상을 뜨기 직전에 완성한 그림이다. 어쩌면 죽음을 예견한 렘브란트가 스스로를 돌아온 탕자로 묘사하고, 신에게 인생을 고백하려는 의도가 아니었을까. 〈돌아온 탕자〉 속 빛은 극적이면서 한없이 포근하다. 숭고한 사랑을 표상하는 그 따스한 빛은 묵묵히 노화가와 관람자를 감싸 안는다.

초라했지만, 마침내 찬란한

렘브란트는 고집스러운 화가였다. 그는 고전주의적 규범이 지배한 18세기에도 적나라한 사실주의를 추구했고, 고객의 요구가 아닌 본인의 목소리를 들으며 독자적인 예술세계를 구축했다. 시대적인 분위기와 불만족한 고객은 렘브란트의 작업을 평가절하했고, 이로 인해 그의 일상에는 풍파가 끊이질 않았다. 1669년, 그는 인생을 마감하는 시점에도 자신의 늙고 초라한 형용을 그리며 삶에 대한 의지를 놓지 않았다. 렘브란트의 위대함이 발견되기까지는 그리 오래 걸리지 않았다. 19세기에 외젠 들라크루아 Eugène Delacroix 를 중심으로 한 낭만주의 작가들이 그를 재발견하였고, '대중들로부터 외면받는 고독한 예술가' 이미지가 만들어졌다.

렘브란트의 집에서 나와 암스테르담 시계탑인 문토렌을 찾았다. 높이 솟은 탑을 따라 걸으면 다음 목적지인 꽃 시장에 다다를 수 있기 때문이었다. 거장의 일생을 돌아본 뒤 다음 목적지로 정한 장소가 꽃시장이라니, 괜스레 멋쩍어 그의 치열했던 삶에 꽃 한 송이 더하고 싶다는 핑계를 댄다. 찬바람이 부는 때라 과연 꽃이 있을까 반신반의했지만, 시장은 색색의 튤립으로 가득했다. 이토록 아름다운 운하와 꽃, 담박한 색의 건물, 그리고 문화유산으로 둘러싸인 곳에서 어떻게 예술을 하지 않고 배길 수가 있을까. 주로 인물에게 초점을 맞춰 작품을 창작했던 렘브란트는 아마 도시에 내리쬐는 생동의 빛과 어둠, 사람들의 동향을 보며 창작에 필요한 영감을 얻었을 테다. 꽃의 명도가 낮아져 서둘러 자리를 떴다. 렘브란트를 좇아 떠난 여행은 그렇게 페이드 아웃되었다.

지극히 자전적인 이야기

　　렘브란트는 100여 점의 자화상을 그렸다. 그의 자화상은 일종의 독특한 자서전과 같다. 그의 굴곡진 인생처럼 시기별로 그가 처한 현실을 대변하기 때문이다. 우리는 렘브란트의 자화상을 보며 그가 추구한 회화적 특징을 발견할 수 있고, 삶의 전면을 헤아릴 수 있다. 렘브란트가 이토록 많은 자화상을 그린 이유는 무엇일까. 시대적인 배경으로 17세기 바로크 시대에 이르러 대두한 합리주의와 개인주의를 들 수 있다. 화가들은 자화상을 그리며 인간 내면의 탐구를 시도했고, 이를 통해 개인의 존재 이유를 찾고자 하였다. 더불어 경제적인 부의 번영을 이룬 중산층 계급이 사회적 지위를 과시하는 방법으로 초상화를 주문 제작하면서 인물화에 관한 관심이 높아졌다. 사상적인 면에서는 동시대 활동했던 철학자 르네 데카르트 René Descartes(1596-1650) 철학의 영향이 컸다. 대다수 예술가가 데카르트가 주장한 자아의 실재성에 깊이 심취했던 것이다. 그러나 무엇보다도 렘브란트 자신의 정체성 포착에 대한 열의가 대단했고, 스스로의 내·외적

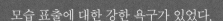

모습 표출에 대한 강한 욕구가 있었다.

† 젊은 시절의 자화상 †
1629년

† 34세 자화상 †
1640년

† 63세 자화상 †
1669년

〈젊은 시절의 자화상 Self-portrait at an early age〉은 렘브란트의 초기 자화상으로, 순수하고 순박해 보이는 청년이 고스란히 드러난다. 헝클어진 머리와 입술 위의 미세한 수염 자국, 이마를 온전히 덮은 고불고불한 머리털, 게다가 표정은 입을 약간 벌린 채 놀란 꼴이다. 이 시기 그는 본인의 얼굴을 활용해 여러 감정이 담긴 표정과 명암 대비를 연구하였는데, 특히 물감을 두껍게 칠하는 기법인 임파스토 impasto 를 적용하여 빛을 강조하였다. 어쩌면 젊은 렘브란트는 역광 속에 인물을 두는 대담하고 실험적인 수법을 통해 이전까지의 초상화 관례를 깨려고 했을지도 모른다.

렘브란트는 중기 자화상인 〈34세 자화상 Self-portrait at the age of 34〉을

그릴 때 경제적으로 윤택했고, 신부 사스키아와 행복한 생활을 보내고 있었다. 젊은 시절보다 살이 오른 그의 얼굴은 드문드문 자란 콧수염과 턱수염에도 불구하고 멀끔하다. 이에 더해 화려하지는 않지만 비싼 의상을 입은 모습과 눈썹 사이에 깊게 팬 주름은 렘브란트를 한층 진지한 사람으로 만든다. 당시 암스테르담에서 가장 성공한 화가로 손꼽혔던 그는 베레모를 쓴 자화상을 통하여 자신의 성공을 온 세상에 알리고자 했다. 동시에 라파엘로나 티치아노의 초상과 유사한 풍으로 그림을 창작함으로써 이탈리아 미술에 대한 본인의 능력을 증명했다.

그는 또한 주문 초상화에서는 해볼 수 없었던 다양한 군상의 인물을 그렸다. 빈털터리부터 거만한 귀족, 이국적인 왕자의 자태 등으로 스스로 분장하여 회화로 남긴 것이다. 특이한 복장에 비해 얼굴은 한결같다. 동그랗고 잿빛이 감도는 얼굴, 푸른 눈동자, 뭉툭한 주먹코, 더군다나 머리카락은 늘 헝클어지고 풍성했다. 하지만 1642년을 기점으로 렘브란트의 예술은 커다란 전환점을 맞이했다. 아내와의 사별과 개인적인 파산 등 정신적이고 경제적인 역경은 외부를 바라보던 화가의 시선을 내부로 돌렸다. 이후 렘브란트는 사람의 외형적 풍채보다는 깊은 성찰에 의한 내면의 심연을 빛과 그림자로 표현하기 시작했다.

〈63세의 자화상 Self-portrait at the age of 63〉은 렘브란트가 생의 마지막

해에 그린 그림으로, 유독 살아 있는 인간의 실제 얼굴을 보는 듯 마음의 동요가 인다. 입체감 있는 얼굴에 드리운 경계와 움푹 들어간 눈에서 내면의 깊이가 느껴지기 때문일까. 렘브란트는 짙은 붉은 색의 코트를 입고, 베레모를 썼다. 주름진 손은 그의 몸 앞에 가지런히 모았다. 자화상에는 포즈를 취한 흔적이나 필요 이상의 겉치레가 없다. 그저 자신의 생김새를 샅샅이 훑어보는 한 사람의 응시가 있을 뿐이다. 렘브란트의 마지막 자화상에는 인간의 삶에서 얻게 된 단념과 달관, 고뇌와 슬픔이 응축되어 있다. 특정한 개인의 얼굴을 담은 그림이지만, 개별성을 뛰어넘어 보편성을 함축한 작품이라 할 수 있다.

사람이 지나온 어느 순간 하나 의미 없는 시간은 없다. 렘브란트는 생에 대한 실존적인 질문을 끊임없이 던지고, 이를 자화상으로 답하며 삶의 파편을 더욱 가치 있게 만들었다. 그는 일평생 한 폭의 자화상이 얼마나 풍부한 양의 메시지를 전달할 수 있는지 실험했다. 우리는 그가 남긴 자화상 덕분에 인간에 대한 따뜻한 시선에 감동하고, 내면세계의 깊이를 느끼며, 낯선 이의 삶을 이해할 수 있다. 타인의 자화상을 감상하는 데에서 오는 최고의 감격이다.

VI

베르메르
창문으로 비껴드는 고요의 햇살

진정한 예술은 창조적인 예술가의
견딜 수 없는 충동에서 비롯된다.

알버트 아인슈타인(Albert Einstein)

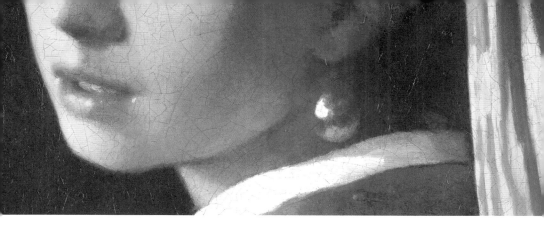

조금은 비밀스러운 사람

요하네스 베르메르*Johannes Vermeer 는 렘브란트, 프란스 할스 Frans Hals (c. 1582-1666)와 함께 네덜란드 17세기 황금시대를 대표하는 대가 중 한 명이다. 그러나 그의 일생에 대해 알려진 바는 거의 없다. 그저 평생 고향에 머물며 예술에 전념한 것으로 추측될 뿐이다. 베르메르에 대한 정보는 기록부, 공식 문서, 그리고 다른 예술가의 논평이 전부다. 그의 생애처럼 작품에 대한 정보도 드물다. 학자들은 베르메르의 그림으로 진위논란이 있는 두 점과 도난당한 한 점을 합쳐 총 37점이라 추산한다. 더욱이 제작 연도가 확실한 것은 세 점밖에 없으며, 회화 대부분이 20호를 넘지 않는 소품들이다. 베일에 감춰진 베르메르의 예술을 한 꺼풀씩 끄집어내 보기로 했다. 그 출발점은 네덜란드 암스테르담이었다.

---

* 베르메르는 당대와 후대인에게 얀 베르메르, 야콥 판 데르 메르, 얀 파 데르 메르, 베르메르 판 델프트라고 불렸고, 화폭마다 서명도 조금씩 다르게 했지만, 공식 문서에 서명할 때는 요하네스 베르메르라고 썼다.

보통의 삶을 예찬한 화가,
요하네스 베르메르를 만나다
#네덜란드 암스테르담

암스테르담 국립 미술관, 일명 레이크스 박물관에 도착했다. 붉은색 네오고딕 양식으로 지어진 건물이 퍽 인상적이다. 네덜란드어로 '왕궁'을 뜻하는 레이크스 박물관은 렘브란트와 빈센트 반 고흐Vincent van Gogh를 포함한 거장들의 작품을 보유하고 있어서 '네덜란드의 보물 창고'란 별칭이 붙었다. 고대하던 그림으로 곧장 다가갔다. 베르메르의 걸작, 〈우유 따르는 여인〉이 눈에 들었다.

베르메르는 1632년 네덜란드 서부, 운하와 벽으로 둘러싸인 소도시 델프트에서 태어났다. 그가 언제, 누구와 미술을 시작했는지는 불분명하다. 1653년, 스물한 살이 된 베르메르는 델프트의 성 루가 길드에 가입하여 장인의 권리를 얻었다. 조합에 들어가려면 길드가 인정한 예술가 밑에서 6년 이상 수업을 받아야 한다는 규정이 있었기에, 늦어도 15살 때부터 그림을 배웠을 것이다. 같은 해, 그는 델프트 출신의 카타리나 볼네스 Catharina Bolenes와 결혼했고, 역사와 성서, 신화를 주제로 다루며 역사화가로서 이름을 알렸다. 이 시기에 발표한 〈뚜쟁이 The Procuress〉(1656)는 그의 대표적인 초기작이자 제작 연도가 확실한 최초의 회화다. 베르메르의 작업 속도는 느린 편이었다. 그는 일 년에 평균 두세 점 정도의 그림을 그렸던 것으로 추정되며, 이를 시장에 내놓지 않고 후원자나 애호가에게 판매

했다. 그렇기에 창작만으로 생활을 지속할 수는 없었다. 베르메르는 아버지에게 물려받은 여관을 경영했고, 화상이 되어 예술품을 사고팔았다. 또 성 루가 길드의 대표 마스터를 맡아 화단에서도 활발히 활동했다. 1672년, 네덜란드와 프랑스 사이에 전쟁이 발발했다. 미술 시장은 무너졌고 베르메르의 주 수입원이었던 작품 매매도 불황이었다. 엎친 데 덮친 격으로 장모 소유였던 땅이 물에 잠겨 소작료도 받을 수 없었다. 말년의 베르메르는 작업에 더욱 전념하였지만, 경제적 곤궁으로 생활은 점차 힘들어졌다. 현실적인 사정으로 괴로워하던 그는 1675년, 갑작스러운 심장발작 또는 뇌졸중으로 세상을 떠났고, 델프트의 구교회에 묻혔다.

숭고한 일상의 포착,
〈우유 따르는 여인 The Milkmaid〉

여느 대가들에 비해 베르메르는 한정된 주제를 다루었다. 그는 풍속화를 즐겨 그렸는데, 주로 17세기 네덜란드 중산층의 실내 정경을 묘사하였다. 베르메르의 그림에는 시대를 반영하는 학자나 화가, 집안일을 돌보는 여인, 그리고 하녀가 등장했고, 이들은 대게 일을 하거나 생각에 잠겨 있다. 베르메르의 〈우유 따르는 여인〉은 보통의 정취를 섬세하게 담아낸 그의 풍속화 중 가장 유명한 수작이라 할 수 있다.

창으로 들어오는 새벽빛이 어느 농가의 부엌을 서서히 밝힌다. 안에는 한 여인이 가족들의 아침 식사를 준비한다. 그녀는 노란색 웃옷을 걸치고 파란색 앞치마를 둘렀으며 붉은색 치마를 입고 있다. 이 노랑, 파랑, 빨강의 삼원색은 베르메르가 선호한 색상 조합이었다. 특히 그는 값비싼 천연 군청색을 고집하는 등 색 사용에 철저한 철학이 있었다. 또한, 베르메르는 회칠한 벽과 금속 주전자, 흙으로 구운 항아리, 빵 부스러기 따위를 세밀하게 묘사했다. 심지어 벽에 남은 못 자국에 눈을 돌리면 그 정교함에 감탄이 절로 나온다. 질감의 효과를 한층 강조한 표현 덕분에 시각적이고 평면적인 화폭에서 촉각마저 느껴지는 것 같다. 〈우유 따르는 여인〉의 또 다른 주연은 왼쪽 벽의 창으로 들어오는 햇살이다. 전체적으로 만연한 엄숙함은 캔버스를 가로지르는 빛과 어둠의 감각적인 대비를 통해 배가 된다.

우유 따르는 여인
캔버스에 유채. 45.5×41cm.
암스테르담 국립 미술관 (1660년경).

베르메르는 사물에 떨어지는 빛을 드러내기 위해 특유의 점묘법인 '푸 앵틸레 pointillé'를 적용했다. 빵과 바구니에 부분적으로 찍힌 작은 점은 화면 전반으로 퍼지며 따사로운 조화를 이룬다.

미술사학자 사이에서 베르메르가 카메라 옵스큐라*를 작업에 활용했다는 주장이 번번이 제기된다. 정확한 형태가 마치 사진으로 찍은 듯 사실적이고, 인간의 눈이 볼 수 없는 절대 밝기를 포착했기 때문이다. 더군다나 작품에 나타나는 하이라이트와 윤곽선은 원시 광학에서 찾아볼 수 있는 특성이었다. 실제로 베르메르가 광학 장치를 제작 과정에 동원했을 가능성이 있다. 다만 그는 카메라 옵스큐라가 빚어내는 이미지를 화폭에 그대로 옮기지는 않았던 것으로 보인다. 그는 본인의 미적 기준에 적합한 공간을 만들고자 소재의 크기와 배치를 조정했고, 원근법을 왜곡했다. 단적으로 〈우유 따르는 여인〉의 탁자는 뒤로 갈수록 너비가 넓어져 원근법의 법칙과 어긋난다.

〈우유 따르는 여인〉은 비단 일상을 담은 풍속화에만 그치지 않고, 윤리적이고 사회적인 의의를 대중에게 제시한다. 여인의 절제된 움직임과 겸허한 복장, 그리고 음식을 준비하는 신중한 태도는 17세기 네덜란드의 거룩한 가치 중 하나인 가정적인 미덕을 유려하게 전달한다.

---

* 카메라 옵스큐라는 작은 구멍으로 빛을 통과 시켜 벽이나 유리판에 이미지를 투사하는 기구로, 오늘날 사진기의 조상 격이다.

표정에 맺힌 아우라,
〈진주 귀걸이를 한 소녀
Girl with a Pearl Earring〉

한 소녀가 머리에 터번을 두르고, 진주 귀걸이를 한 채 왼쪽 어깨를 틀어 우리를 바라본다. 소녀의 큰 눈동자와 살짝 벌린 도톰한 입술에는 비밀스러운 표정이 서렸다. 베르메르의 〈진주 귀걸이를 한 소녀〉는 수많은 사람이 최고로 꼽는 그림이자 베르메르를 장르 화가 이상으로 만들어준 명작이다. 한 번 보면 뇌리에 박히는 묘한 자태, 부드러운 색조 변화로 형상화한 얼굴, 그리고 생략된 눈썹이 레오나르도 다 빈치의 초상화를 연상시켜 '북유럽의 모나리자', 또는 '네덜란드의 모나리자'로도 불린다.

베르메르가 그린 거의 모든 대상은 특정한 공간에 있는 데 반해 〈진주 귀걸이를 한 소녀〉에는 어떠한 배경이나 소도구가 없다. 더불어 집 안에서 저마다의 일에 몰두하고 있는 모델들과 달리 이 소녀는 단지 관람자를 뚫어지게 응시한다. 불확실한 모델과 장소, 그에 반해 너무나도 선명한 눈맞춤, 이러한 요소는 〈진주 귀걸이를 한 소녀〉에 한결 신비로움을 더하고, 대중의 호기심을 자극한다.

이 소녀는 누구일까. 사실 이 소녀상은 특정인을 그린 초상화가 아닌 17세기 네덜란드 여성의 머리를 묘사한 '트로니'다. '트로니'는 당시 네덜란드어로 '얼굴'을 뜻하며, 작가와 수집가들에게는 '환상 속에 존재하는 얼

굴'이라는 의미로 확장되었다. '트로니'를 응용한 예술가들의 주요 목표
는 인물을 실제와 같이 표현하고, 독특한 색 조합이나 명암의 극적인 대
비 등을 통해 걸출한 능력을 과시하는 것이었다. 즉, 〈진주 귀걸이를 한
소녀〉는 실재가 아닌 허구의 인물이며, 베르메르가 이국적 의상이나 미
묘한 표정을 연구하고자 제작한 그림이다. 일부 학자는 베르메르의 11명
의 자녀 중 딸의 초상을 그린 것이라 강조하지만, 구체적인 실정은 알려
진 바 없다.

　　표면적인 특징은 단순하고 조화로운 구성, 베르메르 특유의 노랑과 파
랑으로 채색된 의상과 터번, 그리고 왼쪽 귀에 달린 맑고 투명한 진주라
할 수 있다. 베르메르는 진주를 모티브로 〈진주 목걸이를 한 여인Woman
with a Pearl Necklace〉(1662/1665년경)을 포함한 21점의 작품을 그렸다.
다양한 표면에 반사되는 빛의 영향을 탐구하는 데 진주가 적합했던 것이
다. 피부 묘사는 '임프리마투라imprimatura' 기법으로 구체화하였다. '임프
리마투라'는 어두운 색조로 밑색을 채색한 뒤 그 위에 밝은 물감을 그러데
이션으로 쌓아 올리는 방법으로, 중첩된 물감의 층을 통해 빛이 드러나는
방식이다. 아울러 소녀의 반짝이는 두 눈과 터번에는 작은 점, '푸앵틸레'
가 퍼져있다. 베르메르가 〈진주 귀걸이를 한 소녀〉에 구사한 표현법은 후
대 인상주의자들에게 큰 영향을 끼쳤다.

진주 귀걸이를 한 소녀
캔버스에 유채. 44.5×39cm.
마우리츠호이스 미술관 (1665년경).

알레고리의 결정체,
〈회화 예술 The Art of Painting〉

〈회화 예술〉은 베르메르가 일상을 담지 않은 유일한 작품으로, 〈회화의 알레고리〉, 〈작업실의 화가〉, 〈화가의 아틀리에〉라고도 불린다. 베르메르는 〈회화 예술〉을 위해 유달리 큰 캔버스를 준비했고, 세부 묘사에 더 공을 들였다. 그가 빚에 몰려 자산을 팔아야 하는 상황에서도 이것만은 끝까지 소유했다고 하니, 작품에 대한 베르메르의 애정을 어느 정도 짐작할 수 있다. 〈회화 예술〉은 한순간에 우리를 17세기 네덜란드 델프트의 조그만 아틀리에로 끌어들인다. 왼쪽에서 햇빛이 들어오는 실내는 다른 그림의 배경과 유사하다. 그런데 이곳에서 벌어지는 광경은 평범한 하루의 단면이 아닌 화가의 창작 과정이라는 특별한 행위다.

화폭에는 유독 상징적 소재가 다분하다. 중앙의 두 인물은 화가와 그의 피사체인 한 여성이다. 여인은 머리에 월계관을 쓰고, 오른손에 트럼펫을, 왼손에는 노란색의 두꺼운 책을 들고 있다. 모델의 정체는 체사레 리파 Cesare Ripa (c. 1555-1622)의 도상사전 《이코놀로지아》의 뮤즈 편에서 찾을 수 있다. 역사의 뮤즈인 클리오 Clio 에 대한 서술이 베르메르의 〈회화 예술〉에 나타난 형상과 일치한다. 리파의 도상사전은 당대 예술가들에게 중요한 자료였으니, 분명 베르메르도 이 책을 구해 읽었을 것이다. 월계관은 예로부터 명성이나 영광을 의미하고, 트럼펫은 평판이 세상에 알려지는 것을 암시한다. 게다가 책은 그것이 기록되어 후세에 전해지는 상황을 시사하며, 벽에 걸린 지도는 명예가 네덜란드 17주에 널리 퍼질 것을 내포한다. 우의적으로 표상된 이 명성의 주인공은 등을 보이고 앉아 그림을 그리는 화가다. 다름 아닌 베르메르의 자화상이다.

그런데 탁자 위에 놓인 오브제가 문제다. 스케치북 혹은 악보, 석고 가면, 책, 겹겹의 천 등, 얼핏 보면 잡동사니를 대충 쌓아둔 것 같다. 사물의 속뜻에 대해서는 여러 가지 설이 있다. 첫 번째로, 각 물건이 이탈리아 미술 이론을 설명한다는 의견이다. 분석에 의하면 스케치북은 소묘 예술, 석고 가면은 모방 예술, 세워둔 책은 회화의 수칙, 길게 늘인 비단 직물은 장식 예술의 원리를 대변한다. 두 번째 해설은 탁자 위 소품이 뮤즈들을 뜻한다는 것이다. 이에 따르면 악보는 음악의 뮤즈 멜포메네Melpomene 또는 희극의 뮤즈 탈리아Thalia, 그리고 책은 변론술의 뮤즈 폴리힘니아 Polyhymnia를 나타낸다. 그런데 공연용 마스크라면 눈에 구멍이 뚫려 있어야 마땅한데, 탁자에 둔 가면은 눈을 감고 있다. 뮤즈 이론의 옥에 티다. 세 번째는 예술 비교론과 관련되었다는 해석이다. 석고 마스크를 조각 예술로, 스케치북 위 드로잉을 건축 도면으로 간주한다면 〈회화 예술〉에는 회화와 더불어 조각, 건축의 개념이 모두 들어 있다. 몇몇 연구자는 이를 바탕으로 베르메르가 조각이나 건축보다 회화가 우월하다는 일종의 예술 비교론을 펼친 것으로 풀이한다.

회화 예술
캔버스에 유채. 120×100cm.
빈 미술사 박물관 (1666-1668년경).

〈회화 예술〉에서 두드러지는 것은 단연 벽에 걸린 네덜란드 지도다. 이 지도는 저명한 지도 제작자 클래스 얀스 비서 Claes Jansz Visscher (1587- 1652)의 것으로, 베르메르는 지형의 특색과 기호, 글자를 충실히 묘사했다. 이때의 지도는 서쪽이 위로 가도록 만들어졌기에, 지도의 중간을 가로지르는 깊은 주름은 네덜란드를 남북으로 구분한다. 이 뚜렷한 주름은 1648년 베스트팔렌 조약으로 북네덜란드가 스페인의 지배에서 독립한 뒤, 남부 네덜란드와 분리된 역사적 사건을 상징한다. 천장에 달린 샹들리에의 윗부분에는 두 개의 머리가 달린 독수리 장식이 있는데, 이 문양은 스페인 합스부르크 왕가의 문장이다. 베르메르는 〈회화 예술〉을 통해 스스로의 지식과 기교, 명성을 뽐내는 동시에 네덜란드의 역사까지 언급하였다.

온색으로 흐르는 삶

베르메르의 화폭 속 정경은 단출하고 간단하다. 그의 작품 앞에서 공연히 편안한 기분이 드는 것도 고요한 구성 덕분이다. 그런데 그 안에는 질감과 색채, 형태의 완벽한 묘사, 그리고 군더더기 없는 구도를 위한 치밀한 계산이 들어있다. 베르메르는 온갖 재능을 전부 쏟아낸 동시대 예술가들과 달리 뺄셈의 미학을 통해 그림을 완성하였다. 그는 마음만 먹으면 무엇이든 표현할 수 있었지만, 자신의 미적 세계를 구현하고자 필요한 기술만 자유자재로 운용했고, 일부러 한적한 화면을 추구했다. 베르메르가 만든 적요는 생의 담담한 아름다움을 참신한 눈으로 보도록 이끈다.

신선한 바람을 쐬러 암스테르담 운하를 따라 산책했다. 운하에는 수십 대의 작은 배가 정박해 있다. 이들 중에는 교통수단으로 운행하는 보트도 있지만, 대체로 수상 가옥으로 이용된다. 덕분에 수변 경치가 멋스럽다. 물길을 따라 비슷한 높이의 건물이 올망졸망 자리한다. 붉은 갈색, 짙은 고동색, 간간이 보이는 아이보리색, 온통 온색이라 마음이 포근하다. 고색창연한 건물의 창문은 각양각색의 돌로 꾸며져 있다. 매일 아침, 저 창문 틈으로 따사로운 햇살이 비껴 들어갈 것이었다. 암스테르담의 풍경은 베르메르의 작품을 상기시킨다. 17세기 네덜란드는 개인의 소유권이 보장되고 확장되던 때였다. 주택을 보유한 개인은 빛이 드는 창가에서 편지를 읽거나 취미 생활을 하고, 사적인 시간을 향유했다. 베르메르의 시선이 머물렀던 것은 바로 그런 광경이었다.

“ 물길을 따라 비슷한 높이의 건물이 올망졸망 자리한다.
붉은 갈색, 짙은 고동색, 간간이 보이는 아이보리색 등
온통 온색이라 마음이 포근하다. ”

빛나는 명성에는 반드시 그림자가 드리우는 법?

베르메르의 작품은 위조와 도난의 표적이 되어왔다. 그중 가장 유명한 일화는 네덜란드 화가이자 위조범, 한 판 메이헤런Han van Meegeren (1889-1947) 사건이다. 판 메이헤런은 어린 시절부터 네덜란드 황금시대 미술에 대한 열정을 키우며 예술가를 꿈꿨다. 그러나 미술비평가들은 그의 작업이 새롭지 않다고 비판했다. 기분이 상한 판 메이헤런은 그들을 골탕 먹이고자 베르메르를 포함한 17세기 화가들의 위작을 제작하기로 했다. 1932년, 그는 새로 이사한 집에서 완벽한 위조품을 만드는 데 필요한 화학적, 기술적 절차를 준비하고 철저히 따랐다. 그는 진짜 17세기 캔버스를 사들였고, 오래된 공식을 적용하여 원재료와 물감을 섞었다. 또한, 합성수지 재료를 이용하여 물감이 300년 이상 된 것처럼 보이게 하는 방법을 고안했다. 게다가 베르메르가 사용한 것으로 알려진 것과 유사한 오소리 털 붓을 직접 만들기까지 했다.

판 메이헤런이 베르메르의 기술을 연마하는 데는 자그마치 6년의 세월이 걸렸다. 1937년, 마침내 그가 위조한 〈엠마우스에서의 만찬 The Supper at Emmaus〉(1937)이 베르메르의 진품으로 감정받았다. 화학 용액에 대한 색상의 복원력, 흰색 납 분석, X선 이미지, 착색 물질 검사 등 필요한 검증을 전부 통과했던 것이다. 미술품 감정 전문가인 아브라함 브레디우스 Abraham Bredius (1855-1946) 박사는 이 그림을 두고 "델프트의 요하네스 베르메르의 걸작"이라고 극찬했다. 당시 베르메르는 지금처럼 널리 알려진 작가가 아니었고, 그의 회화는 단지 30여 점밖에 안 되었기 때문에 매우 희귀했다. 그 가치를 인정받아 위조작 〈엠마우스에서의 만찬〉은 52만 플로린(현재 가치 약 60억 원)에 팔렸고, 로테르담의 보이만스 반 뵈닝겐 박물관에 기증되었다. 판 메이헤런이 위작을 시작한 목적은 비평가를 놀리려던 것이었지만, 작업으로 높은 이익을 거두자 이는 곧 돈벌이가 되었다. 더욱이 그는 자신의 위작이 그 자체로 훌륭한 작품이라고 느끼기도 했다.

판 메이헤런은 줄곧 베르메르 위작을 그렸다. 그러나 제2차 세계대전과 이후의 나치 점령으로 인해 혼란한 상황에서 아무도 그 많은 가짜 작품을 의심하지 않았다. 그러던 어느 날, 〈그리스도와 간음한 여인 Christ with the Adulteress〉(1942)이 여러 사람의 손을 거쳐 나치의 헤르만 괴링 Hermann Wilhelm Göring (1893-1946)의 손에 들어갔다. 훗날, 이 그림은 연

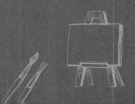

합군에 의해 발견되었고, 경찰은 유출 경로를 조사하던 끝에 판 메이헤런을 검거했다. 국보급 회화를 나치에 넘긴 죄를 추궁받던 그는 전범보다는 위조범이 되기를 선택하고 자백했다. 그러나 법정은 이를 믿지 않았다. 결국, 판 메이헤런은 1945년 7월부터 12월까지, 기자와 법원이 지정한 증인의 감시하에 〈신전에서 설교하는 젊은 예수 Jesus among the Doctors〉라는 마지막 위작을 만들었다. 조사 결과, 베르메르가 살던 17세기에는 쓰이지 않았던 코발트블루가 위작에서 발견되었고, 이로써 판 메이헤런의 그림이 모두 위작임이 증명되었다.

빛나는 명성에는 반드시 그림자가 드리우는 법일까. 1990년 보스턴 가드너 미술관에서 도난당한 베르메르의 작품 〈합주 The Concert〉(1664년 경)는 현재까지도 행방을 알 수 없는 상태로 남아있다. 일련의 시끄러운 스캔들은 우리에게 베르메르의 그림에 대한 더욱 강렬한 갈증을 느끼게 하며, 그의 회화에 만연한 신비로움을 배가시킨다.

VII

다비드
프랑스 파리의 대서사시

그들이 나를 죽여도 나를 부패시키지는 못할 것이다.

자크 루이 다비드(Jacques-Louis David)

신고전주의의 시작

장-폴 마라 Jean-Paul Marat (1743-1793)의
죽음을 그린 혁명가이면서 동시에 나폴레옹
보나파르트 Napoléon Bonaparte (1769-1821)의
초상을 그린 예술가가 있다. 역설적인 행보를
이어갔던 작가, 바로 자크 루이 다비드 Jacqu
es-Louis David 다. 1780년대 파리 살롱은 다비
드에게 쏟아지는 찬사로 가득했다. 그는 프
랑스 왕립 아카데미 최고의 역사화가였고,
그의 작품을 통해 신고전주의의 기준이 정립
되었다. 게다가 그는 능란한 처세술의 소유
자였다. 화단의 주목을 받던 신진 작가 다비
드는 루이 16세 Louis ⅩⅥ (1754-1793)의 화가
로 이름을 떨쳤다. 프랑스 대혁명 중에는 왕
을 단두대로 보내고 공화국을 선포한 자코뱅
파의 공식 화가가 되었고, 그 뒤 스스로 황제
로 등극한 나폴레옹을 섬기며 황제 제일 화
가로 활동했다. 다비드는 시대의 흐름에 따
라 입장을 숱하게 바꿨다. 그럼에도 불구하
고 다비드의 걸출한 재능은 그에게 끊임없는
권위와 인기를 선사했다.

처세의 달인,
자크 루이 다비드를 만나다
#프랑스 파리

프랑스 파리는 단연 예술의 도시다. 루브르 박물관과 오르세 미술관, 오랑주리, 그리고 조르주 퐁피두 센터까지, 가야 할 곳이 많아 마음이 조급하다. 바야흐로 부지런해야 할 때다. 야간개장을 하는 날에 맞춰 루브르 박물관으로 향했다. 오랜만에 편한 신발도 꺼내 신었다. 온전히 한 장소에서만 하루를 보내기로 단단히 마음먹은 날이었다. 루브르 박물관은 프랑스 예술의 자존심을 넘어 자타공인 세계 제일의 박물관이다. 왕국의 수도에 걸맞은 궁전이 필요하다고 생각한 프랑수아 1세는 1546년 루브르 궁전 공사를 착수하였다. 공사는 무려 일곱 명의 왕이 바뀌고 300여 년이 흐른 뒤에야 끝이 났다. 대중에게 루브르 박물관이 공개된 시점은 프랑스 대혁명이 한창이던 1793년이었다. 나폴레옹이 세계 곳곳에서 약탈한 전리품이 이 한 곳에 모였고, 현재 약 40만 점에 달하는 방대한 컬렉션을 갖추게 되었다. 유리 피라미드를 통해 안으로 들어섰다. 사방에서 튀어나오는 온갖 언어의 감탄사로 덩달아 기분이 들뜬다. 감격은 화려한 색채와 사실적인 묘사, 웅장한 크기의 거작 앞에서도 이어진다. 대상의 비례와 질서를 중요시하고, 또렷한 선으로 회화의 형태미를 구현한 명실상부 프랑스 최고의 예술가, 다비드의 작품 앞이다.

다비드는 1748년 파리의 부유한 가정에서 출생하였다. 가족들은 그가 건축가가 되기를 바랐지만, 다비드는 미술가의 길을 고집했다. 그는 외가의 먼 친척이었던 프랑수아 부셰 François Boucher (1703-1770)의 소개로 조제프 마리 비앙 Joseph-Marie Vien (1716-1809)에게 그림을 배웠고, 이후 왕립 미술 아카데미에 들어갔다. 다비드는 로마 상을 받아 유학을 가는 것을 꿈꾸었지만, 그 도전은 3년간 연이어 실패하였다. 그가 비로소 로마 상을 받은 건 스승 비앙이 로마 아카데미의 원장이 되던 1774년이었다. 이듬해부터 5년간 로마에 머물다 파리로 돌아온 다비드는 〈소크라테스의 죽음 The Death of Socrates〉(1787) 등을 발표하며 승승장구했다. 그러던 1789년, 프랑스 대혁명이 일어나자 다비드는 태도를 바꿔 자코뱅파와 어울렸다. 그는 혁명의 행진을 기획하는 등 다양한 정치적 운동에 깊이 관여하였다. 혁명의 여파로 유럽의 여러 나라가 프랑스로 진격했다. 위기의 고국을 지켜낸 인물은 젊은 장교 나폴레옹이었다. 그의 승리를 지켜보던 다비드는 나폴레옹의 지도자적인 면을 존경했고, 이미지 관리에 철저했던 나폴레옹 역시 즉위 후 다비드를 황제 제일 화가로 삼아 중대 임무를 맡겼다. 1814년, 나폴레옹의 실각과 함께 다비드도 추방되었다. 2년 뒤 그는 브뤼셀로 망명했고, 그곳에서 제자 양성에 힘쓰며 마지막까지 붓을 놓지 않았다. 1827년 어느 날, 다비드는 사고로 숨을 거두었다. 프랑스의 거부로 그의 시신은 파리로 돌아오지 못했고, 심장만 돌아와 묻혔다. 1989년, 프랑스 혁명 200주년을 맞아 그의 시신을 페르 라셰즈의 납골당으로 이장하려는 움직임이 있었다. 이번에는 브뤼셀에서 강력히 반발했고, 일은 성사되지 않았다.

가장 숭고한 미덕, 애국심,
〈호라티우스 형제의 맹세 Oath of the Horatii〉

〈호라티우스 형제의 맹세〉는 다비드가 처음으로 루이 16세의 주문을 받아 제작한 작품이다. 다비드는 기원전 27년에서 9년 사이에 집필된 티투스 리비우스 Titus Livius (c. 64/59BC-AD12/17)의 《로마 건국사》 제1권에서 이야기를 택해 그림으로 묘사했다. 기원전 7세기, 로마와 알바 사이에 국경분쟁이 일었다. 희생을 최소화하는 방법으로, 양국은 전면전 대신 각각 세 명의 대표를 뽑아 그들 사이의 결투 결과에 따라 승부를 결정짓기로 했다. 로마에서는 호라티우스 Horatii 가의 삼 형제가, 알바에서는 쿠리아티우스 Curiatii 가의 삼 형제가 결투에 나섰다. 그러나 호라티우스의 한 아들은 이미 상대 집안의 딸 사비나 Sabina 의 남편이었고, 반대로 호라티우스가의 딸 카밀라 Camilla 는 쿠리아티우스의 한 아들과 혼인을 앞둔 상태였다. 결국 어느 편이 이기든 여인들은 형제의 손에 남편 혹은 약혼자를 잃게 될 비극적인 운명에 처했다.

장엄한 건물에서 아버지는 세 자루의 칼을 아들들에게 쥐여준다. 삼 형제의 단호한 시선과 쭉 뻗은 팔다리에는 망설임이나 두려움을 조금도 찾아볼 수 없다. 반면, 여인들은 슬픔에 빠져 주저앉아 있다. 두 아이를 부둥켜안고 비통해하는 여인은 쿠리아티우스 가문에서 시집온 사비나고, 흰 옷을 입고 머리를 쥐는 여인은 카밀라다.

호라티우스 형제의 맹세
캔버스에 유채. 330×401.5cm.
루브르 박물관 (1784년).

국가를 위해 자기를 희생하는 남성과 달리 사적인 감정에 무너지는 여성의 대비는 다비드가 만들어낸 극적 연출로, 남성의 영웅심을 강조한다. 이 이야기에 따르면, 결투는 호라티우스 가문의 첫째 형제 푸블리우스 Publius 가 살아 돌아오며 로마의 승리로 끝난다. 하지만 약혼자의 죽음을 맞이한 카밀라는 절망과 비탄에 빠져 로마를 저주한다. 그러자 장남은 개인의 사사로운 감정에 매몰돼 국가적 대의를 보지 못하는 동생을 나무라며 처단한다.

〈호라티우스 형제의 맹세〉는 형식적인 측면에서 전형적인 신고전주의 미술이라 할 수 있다. 다비드는 빛과 구도를 활용하여 배경보다 인물에게 초점을 맞추었고, 단순하고 어두운 색상을 택해 그림 자체보다 그 뒤에 숨은 이야기의 중요성을 보여주었다. 더욱이 검을 쥐고 있는 아버지의 손은 원근법의 소실점에 위치하며, 화폭 어디에도 작가의 감정이 드러날 만한 붓놀림은 눈에 보이지 않는다.

1785년, 로마에서 〈호라티우스 형제의 맹세〉가 공개되자마자 다비드의 이름이 국제적으로 널리 퍼졌다. 이탈리아로부터 전해지는 찬사에 프랑스인들은 한껏 기대감에 부풀었고, 그림이 공개될 파리 살롱을 학수고대했다. 그러나 작품은 예정된 날짜보다 늦게 배송되었고, 끝내 열악한 위치에 걸렸다. 그럼에도 불구하고 〈호라티우스 형제의 맹세〉는 권력가와 대중 모두에게 인기를 끌며 대대적인 성공을 거두었다. 화면에 담긴 의미가 누군가에게는 애국심의 고취로, 다른 이에게는 희생과 헌신의 찬미로 읽혔던 것이었다.

순교자로 수식된 죽음의 순간,
〈마라의 죽음 The Death of Marat〉

　　1789년부터 1799년까지 일어난 프랑스 대혁명은 제3계급인 부르주아 시민 계급이 귀족과 성직자라는 특권 계층을 제압한 것이지만, 넓은 의미에서 보면 전 국민이 자유를 확립하고 평등한 권리를 보장받기 위해 일으킨 혁명이라 할 수 있다. 다비드에게 프랑스 대혁명은 하나의 시련으로 다가왔다. 이 시기 그는 국왕의 의뢰를 받아 작업하던 중이었는데, 권력에 저항하는 목소리가 커지면서 다비드에게 비난의 화살이 날아든 것이었다. 그러자 다비드는 왕의 명을 따른 일을 전면 부인했고, 적극적으로 정치에 뛰어들며 강경파인 자코뱅 당원이 되었다. 혁명의 결과로 국왕이 물러났고, 무수한 이들이 정치적 견해가 다르다는 이유로 단두대에서 목이 잘렸다. 자코뱅파의 리더 장-폴 마라가 암살당한 것도 그때였다. '민중의 벗'이라는 별칭으로 불렸던 마라는 선동가의 한 사람이었지만, 폭력은 그의 생명도 앗아갔다.

　　온건파인 지롱드 당의 지지자였던 샤를로트 코르데 Charlotte de Corday (1768-1793)는 동료 당원들을 단두대로 보낸 마라를 없애는 것이 프랑스를 살리는 길이라고 굳게 믿었다. 1793년 7월 13일, 그녀는 지롱드 당의 반란을 고발한다는 거짓 이유를 대고 마라를 찾아갔다. 그 시간 마라는 욕실에 있었다. 그는 피부병이 있어 자주 목욕을 해야 했고, 중요한 정무도 욕실에서 보는 일이 잦았다. 마라를 마주한 코르데는 품에서 칼을 꺼내 그의 가슴에 꽂고, 바닥에 던져버렸다. 마라는 즉사했고, 코르데는 현장에서 검거되었다.

　무거운 어둠이 짓눌린 곳에서 하얀 수건을 두른 마라의 머리가 화면 밖을 향해 툭 떨어진다. 바닥에는 흰색의 칼자루가 놓여 있고, 가슴의 상처에서 선명하게 흘러내린 핏물이 욕조를 채운다. 욕조 밖으로 힘없이 늘어뜨린 오른손은 여전히 펜을 쥐고 있고, 왼쪽 손에는 코르데가 전달한 거짓 탄원서가 들려 있다. "시민 마라에게. 나는 당신의 자비를 얻을 권리를 누릴 만큼 충분히 비참합니다" 피로 얼룩진 왼쪽 손가락은 '자비' 위에 얹혀 있다. 민중을 구원하려다 희생당한 마라의 혁명정신을 강조하기 위한 다비드의 계산이었다. 잉크병이 놓인 낡은 나무상자에는 '마라에게, 다비드가 바친다'는 글이 비문처럼 적혔다.

마라의 죽음
캔버스에 유채. 165×128cm.
벨기에 왕립미술관 (1793년).

〈마라의 죽음〉이 세상에 소개되었을 때 화폭을 마주한 모든 이는 비장한 아픔을 느꼈다. 위에서 내리는 빛은 종교적인 신비감까지 불러일으켜, 마라는 마치 그들을 대신해 죽은 예수처럼 보였다. 강경파에 대한 평가가 긍정과 부정으로 나뉜 상황이었지만, 순교자처럼 묘사된 이 회화 하나로 반대파들의 목소리가 사그라졌고, 마라는 곧 혁명의 상징이 되었다.

당시 25세의 젊은 여성이었던 코르데는 재판에서 "십만 명을 구하기 위해 한 사람을 죽였다"고 밝혔다. 스스로의 행동이 확신으로 가득 차 있었던 것이다. 그녀는 끝내 사형을 선고받았다. 죽기 직전, 코르데는 진정한 자아를 기록하고자 초상화를 의뢰했고, 화가 장-자크 오에르 Jean Jacques Hauer (1751-1829)가 그 작업을 맡았다. 7월 17일, 마라가 살해된 지 나흘 후, 코르데는 반역자를 나타내는 빨간색 상의를 입고 단두대에서 처형당했다. 그녀의 행보는 수많은 예술가의 뇌리에 강렬하게 남았고, 그 여파로 코르데에 관한 작품이 꾸준히 창작되었다.

권력은 나로부터 나온다,
〈나폴레옹 1세와 조제핀 황후의 대관식
The Coronation of Napoleon〉

나폴레옹은 1804년 국민투표를 통해 황제로 즉위했다. 찬성은 약 350만 표, 반대는 불과 2,000표 정도였다. 역대 왕들의 대관식은 랭스 대성당에서 행해졌는데, 나폴레옹은 장소를 노트르담 대성당으로 바꿨다. 그곳의 분위기가 더 마음에 든다는 이유에서였다. 하급 귀족 가문 출신인 나폴레옹은 왕위 계승의 정당성을 확보하기 위해 교황 비오 7세 Pope Pius Ⅶ (1742-1823, 251대 교황)의 참여를 요구했다. 당대 몰락해 가는 교회를 대표하는 교황은 직접 나폴레옹에게 왕관을 하사함으로써 권위를 드러내고자 했으나, 계획은 수포로 돌아갔다. 나폴레옹이 스스로 월계관을 쓰면서 황제의 권력은 교황으로부터 오는 게 아니라 독립적이라는 점을 공식화한 것이다.

나폴레옹의 대관식을 그려 후대에 남기는 업적은 당연히 다비드에게 돌아갔다. 다비드는 고심 끝에 조제핀 Joséphine de Beauharnais (1763-1814) 황후의 대관식 장면을 그리기로 했다. 나폴레옹이 자기 머리에 월계관을 얹는 순간은 아무래도 위엄이 떨어지기 때문이다. 아울러 그는 나폴레옹의 얼굴을 완전한 측면으로 표현하여 로마 황제의 형상이 연상되도록 하였다. 다비드는 〈나폴레옹 1세와 조제핀 황후의 대관식〉 제작에 꼬박 삼 년의 세월을 보냈다. 높이 7m, 폭이 10m에 이르는 거대한 회화에는 총 204명의 실존 인물이 출현한다.

나폴레옹 1세와 조제핀 황후의 대관식
캔버스에 유채. 621×979cm.
루브르 박물관 (1805-1807년).

　다비드는 행사를 전부 정확하게 재현하려 큰 노력을 기울였다. 그는 대관식의 주요 참석자들을 작업실로 불러 얼굴과 자세를 묘사했고, 그들이 입었던 의상을 따로 꼼꼼하게 소묘했다. 동시에 나폴레옹의 입맛에 맞춰 일부를 각색하였다. 다비드는 대관식에 참석하지 않은 나폴레옹의 어머니 레티치아 Letizia Ramolino (1750-1836)를 중앙 상단에 그려 넣었고, 마흔이 넘은 황후 조제핀을 우아한 젊은 여성으로 나타냈다. 또한, 교황 비오 7세의 자세도 수정했다. 들러리로 철저히 이용당했던 교황은 그림 속에서 성부·성자·성신을 상징하는 오른손 세 손가락을 피며 나폴레옹을 축복하고 있다. 마지막으로 다비드는 자신의 모습을 레티치아가 앉은 자리 위쪽에서 노트를 들고 무언가를 열심히 그리는 검정 양복의 남자로 표현했다. 전쟁터에서 돌아온 나폴레옹은 완성된 거작을 보았다. 작품이 무척 마음에 들었던 그는 그해 살롱전에서 다비드에게 레지옹 도뇌르 훈장을 수여했다.

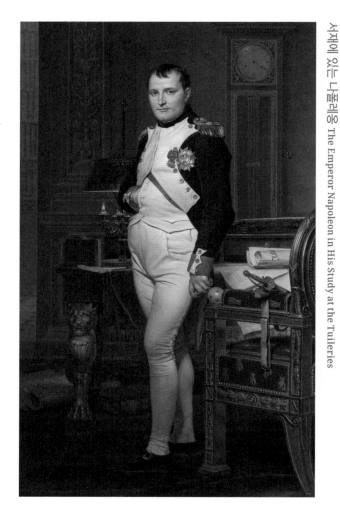

66 다비드는 단순히 권력과 가까워질 기회를
노린 것이 아니라 혁명이나 나폴레옹의 지도력 등이 가진
힘에 매료되었던 것일지도 모른다. 99

생각에 완벽한 형태를
부여한 작가

다비드의 행보는 한편의 대서사시 같다. 그는 서양미술사를 통틀어 가장 막강한 정치적 권력을 누린 예술가이자 처세술의 달인이었다. 다비드의 권력 지향적인 양상은 때때로 정치적 목적을 가진 타락한 예술의 전형을 보여준다는 비판을 받는다. 어쩌면 그는 단순히 권력과 가까워질 기회를 노린 것이 아니라 혁명이나 나폴레옹의 지도력이 가진 힘에 매료되었던 것일지도 모른다. 분명한 것은 다비드가 남긴 회화 덕분에 당대의 정치적 격변을 면밀히 살펴볼 수 있다는 사실이다.

명확한 언어가 그림으로 그려진다면 다비드의 작품 같지 않을까. 그는 이미지로 명료한 메시지를 전달해야 하는 뚜렷한 목적이 있었다. 그래서 화폭 안의 온갖 대상이나 사물을 모호한 구석 없이 꼼꼼하게 배치했다. 다비드는 붓을 들고 서술했다. 그는 철학자 소크라테스의 마지막을 시각화했고, 기록을 모아 혁명의 꺼져 가는 불씨를 되살렸으며, 수집한 소재를 가지고 지금까지 전해오는 황제의 이미지를 만들었다. 비단 특정한 목적을 동기로 창작되었음에도 다비드의 그림에는 벅찬 감동이 있다. 우리가 그의 걸작을 보며 시대상을 읽고, 성명에 공감하고, 또 이를 통해 삶의 교훈을 얻을 수 있는 것은 인간의 마음을 동요하게 만드는 다비드의 철두철미함 덕이라 할 수 있다.

나폴레옹의 이미지

19세기 초 프랑스의 황제, 나폴레옹 보나파르트. 그는 지방 소도시의 하급 귀족 가문에서 태어나 군인이 되었고, 프랑스 혁명 시기에 벌어진 전쟁에서 다수의 승리를 거두며 국민적 영웅으로 추앙받았다. 이후 브뤼메르 18일 쿠데타*를 통해 제1통령에 올랐고, 종신통령을 거쳐 황제에 즉위하였다. 이처럼 파란만장한 삶을 살았던 그는 인류 역사상 가장 유명한 인물 중 한 명으로, 우리는 한 번쯤 그와 관련된 명언이나 일화를 들어봤을 것이다. 게다가 그의 이름을 들으면 머릿속에 떠오르는 분명한 인상도 있다. 바로 다비드가 그린 두 점의 나폴레옹 초상이다.

힘차게 뛰어오르는 백마 위에 앉아 손가락으로 위를 가리키는 위풍당당한 남자, 다름 아닌 나폴레옹의 첫 번째 이미지다. 다비드의 〈알프스 산맥을 넘는 나폴레옹 Napoleon Crossing the Alps〉(1801-1805)은 1800년 5월,

나폴레옹이 알프스의 생베르나르 협곡**을 넘는 모습을 영웅적으로 표현한 작품이다. 그의 눈빛은 날카롭고, 역동적인 말 위에서도 그의 자세는 무척이나 안정적이다. 붉은 망토는 그의 손가락과 같은 방향으로 휘날린다. 덕분에 우리의 시선도 자연스레 나폴레옹이 가리키는 방향으로 이끌린다. 잿빛의 하늘을 보니 날씨는 썩 좋지 않다. 그러나 하늘마저 그를 돕는 듯, 뒤에서 부는 바람이 협곡을 오르는 나폴레옹을 밀어준다. 말발굽 옆 바위에는 나폴레옹의 성(姓) 보나파르트와 함께 알프스를 넘은 고대 카르타고의 장군 한니발 Hannibal (247-183/181 BC)과 신성로마제국 황제 카롤루스 1세 마그누스 Karolus Magnus Charlemagne (740/742/747-814)의 이름이 새겨져 있다. 나폴레옹이 누구와 동일시되는지 노골적으로 드러난 부분이다. 과연 이 모든 게 다비드 한 사람의 역량으로 제작된 것일까. 사실 〈알프스 산맥을 넘는 나폴레옹〉은 처음부터 끝까지 나폴레옹의 꼼꼼한 지시와 조언 아래 그려졌다. 그래서 다비드의 회화에 묘사된 나폴레옹은 당시의 상황과 다소 차이가 있고, 오히려 프랑스의 화가 폴 들라로슈 Paul Delaroche (1797-1856)가 그린 〈알프스 산맥을 건너는 보나파르트 Bonaparte Crossing the Alps〉(1848-1850)가 보다 진실에 가깝다고 할 수 있다.

---

* 1799년 11월 9일, 나폴레옹이 총재 정부를 전복하고 군사 쿠테타를 일으킨 사건이었다.

** 브뤼메르 쿠데타로 정권을 장악하고 원로원으로부터 제1통령으로 임명 받은 나폴레옹은 이듬해 이탈리아 원정에 나섰다. 그는 프랑스에서 제노바로 갈 수 있는 가장 빠른 길은 알프스를 지나가는 것이라 판단했고, 결국 생베르나르 고개를 넘기로 결정했다.

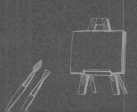

실제로 나폴레옹은 협곡을 지날 때 안내자가 이끄는 노새를 탔고, 이날 날씨도 맑았다고 전한다. 하지만 다비드의 붓끝에서 구현된 절대적인 영웅의 자태가 너무나 강렬하여, 이내 나폴레옹의 이미지로 굳혀졌다. 그림에 만족한 나폴레옹은 동일한 작품을 세 점 더 그리도록 지시하였다. 거기에 다비드가 또 한 점을 그렸고, 이로써 〈알프스 산맥을 넘는 나폴레옹〉은 총 다섯 점이 전해진다.

나폴레옹의 또 다른 대표적인 초상은 다비드의 〈서재에 있는 나폴레옹 The Emperor Napoleon in His Study at the Tuileries〉(1812)이다. 군복과 은박 메달을 착용하고 책상 끝에 기대선 나폴레옹은 그야말로 황제답다. 그림에는 오른손을 조끼에 넣고 다녔던 나폴레옹의 평소 습관이 그대로 나났는데, 이는 곧 그를 상징하는 자세가 되었다. 다비드는 이 작품을 그릴 때 황제로서의 공적 이미지가 두드러지도록 집중했다. 비단 나폴레옹뿐만 아니라 주변의 의자, 책상, 램프, 시계 등에 신고전주의의 고풍스러운 분위기를 반영한 것도 이러한 이유에서였다. 또한, 이 그림에는 헌신하는 지도자의 이미지를 고려한 장치가 존재한다. 회화의 배경이 된 서재는 나폴레옹이 이른 아침 집무를 보던 곳이다. 시계는 4시 13분을 가리키고, 책상 위에서 스러져가는 촛불을 보아 시간은 새벽인 것을 알 수 있다. 책상에는 여러 장의 종이가 쌓여있는데, 말려진 종이에는 '법전'이라 적혀있다. 이는 그의 업적을 강조하는 요소로, 나폴레옹 법전은 프랑스를 넘어 범유럽적

범위에서 채택된 최초의 근대 법전이었다. 법전에는 기본적으로 평등과 자유를 내세우는 근대시민법의 기본 원리가 반영되어 있었고, 나폴레옹은 이에 큰 자부심을 느꼈다. 마지막으로 의자에 걸쳐있는 칼은 지도자의 희생으로 프랑스 국민이 갖게 될 영예를 상징한다. 〈서재에 있는 나폴레옹〉은 황제의 강인한 모습과 주변 사물을 통해 분명한 메시지를 던진다. "잠도 잊고, 국가와 국민을 위하여 헌신하는 위대한 리더, 나폴레옹"

　나폴레옹은 자신의 권력 유지를 위해 미술을 영리하게 이용했다. 정치 세력을 결속하는 방법으로 초상화나 역사화가 효과적인 수단임을 알았던 것이다. 나폴레옹의 초상화를 창작한 예술가들은 그가 추구한 목적을 이루는 데 일익을 담당했고, 그중에서도 다비드는 그의 정치적 페르소나 구축에 큰 역할을 했다. 다비드가 남긴 나폴레옹의 초상은 우리가 한 시대와 한 인물을 기억하고, 이에 대해 스스로 판단할 기회를 선사한다. 포기를 모르는 도전적인 위인이자 전쟁으로 무수한 희생을 일으킨 정치가. 나폴레옹은 곧 그런 사람이었다.

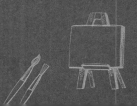

VIII

들라크루아
낭만적으로 그린 낙망의 빛

모든 것에 있어 완벽을 추구하는 예술가는
그 어느 것에서도 완벽에 도달하지 못하는 자이다.

외젠 들라크루아(Eugène Delacroix)

화폭에 감성을 담다,
낭만주의

　낭만. 듣기만 해도 괜스레 가슴이 떨리는 단어다. 마음을 한껏 간지럽게 하는 이 명사는 당연히 예술운동에도 대입되었다. 낭만주의는 프랑스 혁명이 일어난 18세기 말에서 19세기 중엽까지 유럽 전역에 전파된 미술 사조다. 당시 유럽 국가들은 프랑스에서 확립된 고전주의를 일반적으로 계승하였고, 아울러 이성을 중시한 계몽주의의 지배를 받았다. 자연스레 화풍도 이성 중심의 신고전주의를 지향했지만, 이는 인간의 감정과 개성을 간과하는 한계가 있었다. 신고전주의에 반감을 느낀 예술가들은 감성을 표현하기 위한 도구로 색을 연구했고, 강렬한 소재와 구도를 택하며 사람들의 상상력을 자극했다. 바야흐로 낭만주의의 태동이었다. 외젠 들라크루아 Eugène Delacroix 는 낭만주의를 대표하는 작가로 꼽히지만, 그는 정작 자신을 고전적인 화가라고 생각했다. 그가 스스로 '낭만주의자'라고 할 때는 항상 단서를 달았다.

"낭만주의가 학교에서 배우는 틀에 박힌 유형에서 벗어나고자 하는 내 노력을, 아카데미적인 요소에 대한 혐오를, 개인적인 충동에 대한 자유로운 선언을 의미한다면 나는 지금 낭만주의자일 뿐 아니라 열다섯 살 때부터 낭만주의자였다."

파리 화단의 이단아,
외젠 들라크루아를 만나다
#프랑스 파리

루브르 박물관으로 또 한 번 향했다. 하루에 전부를 보는 건 과연 어려운 일이었다. 어디선가 색소폰 소리가 들려왔다. 음계 위로 한 걸음씩 발을 내디디며 소리의 발원지로 다가갔다. 그곳에는 백발의 노신사가 있었다. 벅찬 호흡은 색소폰으로 새어 나왔다. 그의 연주는 지난밤 화려했던 파리의 아침을 깨우는 듯 유장하게 흘렀다. 돌연 뜻하지 않은 변수가 생겼다. 바로 옆 골목에서 세 명의 트리오가 빠른 리듬의 곡을 연주하기 시작한 것이었다. 색소폰의 울림이 더 커지고, 경쾌해졌다. 흔들리는 눈빛에서 그가 즉흥적으로 손가락을 움직이고 있다는 것을 느낄 수 있었다. 준비되지 않은 무대였지만, 그들은 서로의 음악을 등에 업고 격정의 하모니를 만들었다. 음악가의 연주, 지나가는 사람의 아우성, 바닥을 쓰는 바람 소리가 웅장한 음악처럼 협화하는 가운데 문득 루브르 박물관에서 스쳐 지나간 회화가 떠올랐다. 프랑스 혁명의 처절한 분위기를 전해주면서 그들의 투쟁을 한층 숭고하게 만드는 걸작, 들라크루아의 〈민중을 이끄는 자유의 여신〉이다.

들라크루아는 1798년 파리의 남동쪽에 있는 샤랑통 생 모리스에서 태어났다. 그의 아버지는 나폴레옹 집정 시대에 대사를 지냈지만, 들라크루아가 일곱 살이 되던 1805년에 사망했다. 이듬해 들라크루아는 파리의 리세 앵페리알 기숙학교에서 교육받았다. 그를 보살피던 어머니가 1814년에 사망하자, 그는 누나 집에 기거하면서 경제적으로 어려움을 겪었다. 들라크루아가 본격적으로 미술에 뜻을 둔 건 열일곱 살이 되던 해였다. 그는 피에르나르시스 게랭 Pierre-Narcisse Guérin (1774-1833)의 아틀리에에서 그림을 배웠고, 1816년 에콜 데 보자르에 입학하였다. 들라크루아는 〈단테의 배 The Barque of Dante〉(1822)를 살롱 데뷔작으로 선보이며 이름을 알렸고, 〈키오스섬의 학살〉로 대중의 주목을 받았다. 이후 〈사르다나팔로스의 죽음〉, 〈민중을 이끄는 자유의 여신〉 등을 발표하며 낭만주의를 대표하는 작가로 우뚝 자리 잡았다. 1832년, 들라크루아는 모로코를 방문하는 프랑스 사절단의 일원이 되어 북아프리카의 탕헤르, 알제 등을 방문했고, 그곳에서 수개월 머무르며 낭만적인 삶과 문화를 탐닉했다. 말년에는 역사화와 정부 건물에 그린 벽화로 인기를 얻었고, 프랑스 왕립 학술원의 회원으로 선출되었다. 1863년, 들라크루아는 폐병으로 건강이 급속도로 악화되었고, 같은 해 퓌르스텐베르크의 자택에서 세상을 떠났다.

단테의 배 The Barque of Dante

66 1822년, 들라크루아는
〈단테의 배〉를 살롱 데뷔작으로
선보이며 이름을 알렸다. 99

하나의 작업, 상반된 평가
〈키오스섬의 학살 The Massacre at Chios〉

1824년에 열린 파리 살롱전에서 단연 화제가 된 것은 들라크루아의 〈키오스섬의 학살〉이었다. 20대 중반의 나이로 세간에 내놓은 대작은 화단의 주류와 전혀 달랐다. 신고전주의자들의 화폭에는 주제가 뚜렷하게 드러난 반면, 들라크루아의 작품에는 윤곽선조차 분명하지 않고, 분위기만이 짐짓 전해질 따름이었다. 게다가 캔버스 전반에 색이 만연했다. 그것도 일절 매끈하지 않고 거칠기만 한 채로 말이다. 들라크루아의 생소한 그림은 신고전주의에 대한 새로운 도전이라는 호평과 '회화의 학살자'라는 거센 비판을 동시에 받았다. 〈키오스섬의 학살〉을 통해 들라크루아는 일약 낭만주의의 기린아로 부상했다.

키오스섬은 에게해의 터키 접경 지역에 있는 그리스 섬이다. 오스만 제국 시대에 그리스 땅은 대부분 오스만 튀르크가 지배하고 있었는데, 1821년 혁명주의자들이 이에 대항하여 그리스 독립 전쟁을 일으켰다. 이듬해, 변혁의 바람을 잠재우려는 목적으로 오스만 튀르크 군이 키오스섬에 상륙했고, 주민들을 잔인하게 학살하고 노예로 팔았다. 수많은 유럽 사람들은 오스만 제국의 잔인한 행위에 격분했다. 그런데 이 사태를 묘사한 들라크루아의 작업은 그리 좋은 반응을 얻지 못했다.

키오스섬의 학살
캔버스에 유채. 419×354cm.
루브르 박물관 (1824년).

화폭 안에 위대한 그리스인의 해방 투쟁이 아닌, 속수무책 희생당한 모습이 포착되어 있었기 때문이었다. 들라크루아는 끔찍했던 약탈이나 대량학살 광경 혹은 혁명의 정신이 아닌, 모든 행위가 끝난 뒤의 재난 현장을 묘사했다. 비평가들은 사건에 대한 객관적 시선을 불편하게 여기며 주제 의식과 구성이 부합하지 않다고 평했다. 더군다나 희생자들의 음울한 표정과 대조되는 침략자의 의기양양한 활기로 인해 들라크루아의 의도를 오해하는 경우도 있었다.

들라크루아는 관람자가 학살의 전 과정을 상상하도록 하였다. 〈키오스 섬의 학살〉에는 화면 중앙이 텅 비어 있고, 주인공이 명확히 두드러지지 않는다. 대학살의 피해자인 열세 명의 민간인들은 바닥에 무리 지어 앉아 있다. 군상은 두 개의 인간 피라미드 구조로 구성되어 있다. 왼쪽 피라미드에는 아버지에게 매달리는 아이와 부상으로 죽음의 지점에 있는 남성이 있다. 오른편에는 어미의 죽음을 채 인식하지 못한 어린아이가 그녀의 젖가슴을 더듬고, 고개를 치켜든 노파는 하염없이 하늘만 바라본다. 낙담한 이들의 공허한 응시와 초라한 자세는 체념의 분위기를 자아내며 비극적인 최후를 가시화한다. 유일하게 지평선 위로 풍채를 드러낸 이는 오른편에 터번을 쓴 기마병이다. 그는 가해자인 터키인으로, 승리를 자축하듯 위풍당당하다. 이들의 야만적인 행위는 넋을 잃은 그리스인의 표정과 기마병에게 납치당하는 두 여인의 몸부림으로 대변된다.

번잡한 움직임과 눈부신 색채의 하모니,
〈사르다나팔루스의 죽음
The Death of Sardanapalus〉

들라크루아는 또 한 번 이젤 앞에 섰다. 영국의 낭만주의 시인 조지 고든 바이런 George Gordon Byron (1788-1824)의 시극 《사르다나팔루스》 (1821)에서 작품의 영감을 얻은 것이다. 사르다나팔루스는 기원전 7세기 경 티그리스, 유프라테스강 유역에서 위력을 떨친 아시리아 니베네의 왕 아슈르바니팔 Ashurbanipal (685 BC-631 BC)의 그리스식 이름이다. 그는 초기에 학문과 문화에 관심을 보이며 지역에서 유일한 도서관을 세우기도 했지만, 점차 방탕하고 나약한 기질을 보이면서 민심을 떠나보냈고, 결국 반란군에 의해 멸망했다. 원작에서는 반군에게 점령당한 성안에서 사르다나팔루스 스스로 고귀하게 장례용 장작더미에 올라갔고, 충성심이 강했던 애첩들이 그의 뒤를 따랐다고 쓰여있다. 그러나 들라크루아는 상상력을 더해 이야기의 내용을 완전히 바꾸었다.

동방의 이국적인 정취가 물씬 풍기는 곳에서 폭력적인 사건이 발생했다. 자신의 부귀영화가 적의 수중에 들어가게 된 위급한 마당에 사르다나팔루스는 아끼던 말과 애첩을 불러 모았다. 그리고 무사들에게 대학살을 명령했다. 적들에게 빼앗길 바에 함께 죽음을 맞이하겠다는 뜻이었다. 그는 커다란 붉은색 침대 위에 흰옷을 입고 목과 머리에 호화로운 금을 두른 채 누워있다. 눈앞에서 생지옥이 벌어지는 중에도 사르다나팔루스의 표정은 비장하다 못해 평온하다. 한 여인은 이미 그의 발치에 쓰러져 죽었고, 왼쪽 전경의 남자는 장신구로 단장한 말을 금방이라도 죽일 기세다. 이들은 아수라장의 극히 일부에 속한다. 왕의 끔찍한 명령으로 벌어진 대학살에도 불구하고, 그 어디에도 피 한 방울 그려지지 않았다. 대신 곳곳의 붉은색이 은유적으로 대학살을 시사한다.

〈사르다나팔루스의 죽음〉은 교훈보다는 정서적인 반응을 일으키는 대작이라 할 수 있다. 가로 5m에 이르는 캔버스 안에서 인물과 말, 의복 따위가 만들어내는 곡선은 마치 파도가 치듯 화면 전면에 퍼져있다. 더욱이 붉은색의 색조는 다채롭게 구성되어 끔찍하고 복잡한 상황을 효과적으로 전달한다. 형태를 구별하기 위한 것 역시 윤곽선이 아닌 보색과 명암의 대비다. 들라크루아는 매끈한 붓질에 얽매이면 생동감이 사라진다고 생각했기에 되려 거친 붓질을 남기며 격렬한 감정표현을 했다. 이에 더하여 불안정한 대각선 구도는 잔혹하고 비참한 고통을 생생하게 전한다.

〈사르다나팔루스의 죽음〉이 처음 살롱에 전시되었을 때 큰 논란이 일었다. 심지어 누군가는 이를 두고 '추잡함의 광신'이라 부르며 기탄없이 비난했다. 그야말로 신고전주의 양식에 익숙해진 당대의 대중과 비평가가 쉽게 받아들이기 힘든 작품이었다.

사르다나팔루스의 죽음
캔버스에 유채. 392×496cm.
루브르 미술관 (1827년).

멀고도 험난한 혁명,
〈민중을 이끄는 자유의 여신
Liberty Leading the People〉

　〈민중을 이끄는 자유의 여신〉은 프랑스 파리에서 발발한 혁명의 한 측면을 그린 그림이다. 때때로 이미지가 주는 강한 인상 탓에 1789년 프랑스 대혁명의 한 국면이라 오해받기도 하지만, 부제인 〈1830년 7월 28일〉에서 알 수 있듯이 들라크루아는 프랑스 7월 혁명을 작품에 담았다. 7월 혁명은 샤를 10세 Charles X (1757-1836)가 입헌군주제를 거부하고 과거의 정치체제로 회귀하려는 추이를 보이자 일어난 혁명이었다. 7월 27일, 시민들은 시내 곳곳에 바리케이드를 설치하였고, 3일 뒤 왕궁으로 진입해 샤를 10세를 영국으로 망명시켰다. 들라크루아의 〈민중을 이끄는 자유의 여신〉은 혁명 중 이틀째인 7월 28일의 단면이다. 구도는 고전적이고 안정적인 삼각형 구도를 취하고 있지만, 대상의 역동적인 움직임, 선명한 색채의 운용, 시내 곳곳에 타오르는 불길과 연기의 묘사는 분명 낭만주의 미술의 특징이다.

　포연이 자욱한 항쟁의 거리에서 바리케이드는 무너져 내렸고, 다수의 시민이 희생당했다. 이러한 여건 속에서 한 여인이 주검들을 딛고 올라섰다. 가슴이 훤히 드러나는 드레스를 입고 맨발로 선두에 선 그녀는 마리안 Marianne 이라 불리는데, 이는 자유, 평등, 박애의 프랑스 혁명 정신을 상징하는 여성상을 의미한다. 마리안은 한 손으로 장총을 쥐고, 다른 한 손으로는 프랑스 공화국의 삼색기를 들어 높이 휘날린다. 그녀의 자태는 과거 예술품에 나타났던 아름답고 우아한 여성들과는 대비되어 이 시기 '품위가 없다'라는 지적을 받기도 했다. 사실 그녀는 혁명군의 일원이 아니고, 실존 인물은 더더욱 아니다. 그녀는 사람들이 두려움을 떨치고 앞으로 나아가게 만드는 하나의 이상, '자유'를 상징한다.

화폭에는 7월 혁명과 관계된 숱한 요소가 있다. 마리안이 들고 있는 삼색기는 1789년 프랑스 대혁명 때 사용되었던 것으로, 부르봉 왕정복고 이후 금지되었다가 1830년 7월 28일, 혁명의 상징으로 다시 한번 거리에 등장했다. 그녀가 머리에 쓴 모자 역시 혁명을 상징하는 프리지안 캡(리버티 캡)이다. 또한, 그림에는 다양한 사회적 계급의 인물 양상이 존재한다. 양장을 입은 부르주아 남성과 셔츠를 풀어 헤치고 베레모를 쓴 젊은 노동자, 그리고 권총을 든 하층 계급의 소년 등, 그들의 눈빛은 하나같이 맹렬하다. 이들의 동태는 7월 혁명이 사회 전체적인 지지를 받았음을 암시한다. 발밑에 쓰러진 시민들의 시체는 혁명에 따른 희생을 강조하고, 멀리 보이는 노트르담 성당은 배경이 파리였음을 확실하게 알려준다.

민중을 이끄는 자유의 여신
캔버스에 유채. 260×325cm.
루브르 미술관 (1830년).

들라크루아는 실제 사건과 고전적인 알레고리의 전통을 응용하여 기념비적인 그림을 그렸다. 현실과 비유가 혼합된 〈민중을 이끄는 자유의 여신〉은 7월 혁명이라는 역사적인 사건의 기록에 그치는 것이 아니라, 보편적인 자유의 이상과 추상적인 혁명의 이미지를 구현한 서사시가 되었다.

〈민중을 이끄는 자유의 여신〉은 1831년 5월 살롱전에 전시되었고, 같은 해 프랑스 정부에 팔렸다. 정부는 이 회화를 7월 혁명으로 왕이 된 '시민 왕' 루이 필리프 1세Louis-Philippe I(1773-1850)의 궁전 알현실에 걸고자 하였으나, 주제가 선동적이라는 이유로 이내 들라크루아에게 돌려보냈다. 작품은 1874년 루브르 박물관에서 사들이기 전까지 들라크루아가 소장하고 있었다. 들라크루아는 혁명을 묘사한 최초의 화가는 아니었지만, 〈민중을 이끄는 자유의 여신〉은 일반적으로 프랑스 혁명의 대표적인 이미지로 자리 잡았다. 그의 그림은 다양한 예술 작품과 대중문화, 사회운동에 끊임없이 재생산되며 자유의 가치를 널리 기리고 있다.

순탄치 않은 길

들라크루아는 이상미를 추구했던 신고전주의에서 벗어나 본인의 개성을 내비치며 낭만주의 회화를 발전시켰다. 그의 그림에는 신고전주의 예술에 나타나는 이상적인 윤리나 특정한 정치적 입장이 없다. 그저 문학적인 상상력이 빚어낸 감흥이 짙게 깔려 있을 뿐이다. 캔버스에 담긴 이야기는 부유하고 충돌하며 계속해서 서사를 만든다. 우리는 들라크루아가 묘사한 대상의 고통에 아파하고, 그들의 용맹함에 감탄하고, 또 그들의 비극이 눈앞에서 펼쳐진 양 노심초사한다.

흡사 한 편의 소설을 읽은 기분이다. 들라크루아가 만든 흥미로운 이야기에 너무나 몰입한 모양이다. 왁시글거리는 소리가 사라진 미술관은 유난히 고요했다. 유리 피라미드를 통해 밖으로 나왔다. 투명한 유리에 아른거리는 주황빛 물결이 유독 낭만적이다. 골목에서 플루트 소리가 새어 나왔다. 여지없이 빠른 리듬의 곡이다. 오전의 아다지오 음악이 어느새 알레그로로 변주된 모양이다. 음악의 박자에 맞춰 괜히 들썽거렸다. 들라크루아도 이처럼 시절의 변주를 만들어 내며 묵묵히 자신의 길을 걸었다. 그의 여정은 결코 순탄치만은 않았지만, 결국 오색찬란한 색으로 피어오르며 환상적인 결실을 보았다.

이성 vs 감성

    19세기 파리는 두 화가의 경쟁으로 시끄러웠다. 주인공은 '이성의 화가' 앵그르와 '감성의 화가' 들라크루아였다. 당시 프랑스에 불어온 혁명의 바람은 나라 전반에 거센 여파를 일으켰다. 정치적으로는 전쟁과 독재, 혁명과 같은 혼란한 상황이 이어졌고, 사상적으로는 계몽주의와 낭만주의가 뒤섞여 나타났다. 이러한 대립 안에서 앵그르와 들라크루아는 두 철학을 대표하는 예술가로 손꼽히며, 각자의 사상을 그림에 반영했다. 같은 시대, 같은 장소에서 다른 이념의 지배를 받은 두 화가, 그들의 이야기를 해보려 한다.

    이 시기 보수파 화가들의 지도자는 장-오귀스트-도미니크 앵그르Jean-Auguste-Dominique Ingres (1780-1867)였다. 그는 다비드의 수제자이자 추종자였으며, 고전주의 예술을 숭배했다. 1820년, 앵그르는 복고 왕정으로부터 몽토방 대성당에 걸 종교화를 주문받았다. 주제는 1638년 루이 13세

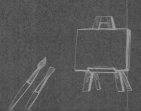

Louis XIII (1601-1643)가 그와 왕국을 성모에게 바친다고 한 서원(誓願)의 순간이었다. 앵그르는 극적인 장면을 연출하기 위해 왕이 서원하던 중에 성모가 승천하는 환영을 본 것으로 이야기를 설정했고, 〈루이 13세의 성모에의 서약The Vow of Louis XIII〉(1824)을 완성했다. 화폭 속 상하 2단 구도, 성모의 자세, 휘장을 여는 천사, 명패를 든 아기 등 도상의 구성은 대개 라파엘로의 성모상에서 온 것이었다. 더구나 인체의 해부학적 왜곡이 적고, 높은 채도의 색을 쓴 작업 방식도 라파엘로를 연상시켰다. 이 작품은 1824년《살롱전》에서 격찬을 받았고, 앵그르는 단박에 파리 미술계의 중심인물로 떠올랐다.

이 역사적인 전시에 화단의 이단아인 들라크루아의 회화도 보란 듯이 걸렸다. 바로 신고전주의를 위협하는 문제작, 〈키오스섬의 학살〉이었다. 언뜻 보기에도 두 그림은 너무 달랐다. 안정된 구도의 〈루이 13세의 성모에의 서약〉과 달리, 높이 4m가 넘는 〈키오스섬의 학살〉에는 그 어디에도 명확한 것이 없었다. 게다가 분명한 주제를 담은 앵그르의 회화에 비해 들라크루아의 작품은 그가 무엇을 표현하려 했는지 도무지 알 수 없는 지경이었다. 아카데미 회원과 복고 왕정을 포함한 보수파들은 당대에 받아들이기 힘든 예술 작품이 하나둘씩 등장하는 상황이 달갑지만은 않았다. 그들이 고전주의를 추앙하며 신고전적인 그림을 그렸던 앵그르를 두 손 벌려 환영했던 이유도 여기에 있었다.

앵그르의 회화에서 보이는 것은 인간의 이성이다. 그는 선과 데생을 중요시하며 정형화된 형식을 따랐다. 더욱이 본인의 생각을 드러낼 수 있는 붓 터치를 배제하고, 대상의 표면을 매끄럽게 다듬었다. 예술가의 주관을 피력하는 것보다는 그 형태를 정확하게 묘사했던 것이다. 작업의 소재는 주로 신화에서 채택하였고, 수평 구도, 삼각형 구도처럼 안정적인 구도를 사용하였다. 반면 들라크루아의 화폭에는 인간의 감성이 나타난다. 색을 중요시한 그의 그림은 윤곽선이 불분명하고, 형태는 보색으로 구별된다. 또한, 그는 캔버스에 거친 붓질을 남기며 강렬한 감정을 표출했고, 대각선 구도와 같은 불안정한 구도를 활용했다. 들라크루아는 화가의 상상력을 중요시하며 소재를 재구성하였지만, 회화의 주제를 택하는 과정은 신고전주의와 유사했다. 사실 그들보다 선택의 폭이 다소 넓어졌을 뿐, 후대 예술가들에게는 들라크루아도 옛날이야기를 그리는 역사화가였다.

IX

마네
시대의 적나라한 민낯

과학은 모두 훌륭하지만
우리에게는 상상력이 훨씬 더 가치 있다.

에두아르 마네(Édouard Manet)

당락의 고빗길,
살롱전과 낙선전

프랑스 화단에는 세 번의 큰 혁명의 물결이 일었다. 첫 번째는 들라
크루아의 낭만주의에 기인한 것이었고, 두 번째는 쿠르베(1819-1877)의
사실주의에 의한 파동이었다. 세 번째 기점에는 에두아르 마네 Édouard
Manet 가 있었다. 1860년대 마네가 일으킨 혁신은 인상주의를 거쳐 야수
주의와 입체주의로 이어지며 예술의 주제와 화면을 점차 변화시켰다. '무
엇을 어떻게 그릴까'가 아닌 '그림의 본질이 무엇인가'를 제기한 이 흐름은
1960년대까지 계속되었고, 추상미술과 모더니즘이라는 새로운 역사를 만
들었다. 전통과 현대를 이은 화가 마네, 그의 인생은 《살롱전》과 떼어놓
고 설명할 수 없다.

19세기 프랑스의 살롱전은 전 유럽의 관심을 받는 큰 행사였다. 그러나 수상작은 여전히 이탈리아 미술에 뿌리를 두고 있었다. 전시의 심사위원이 에콜 데 보자르의 교수진이었는데, 그들 대부분이 로마를 다녀온 엘리트 예술인이었던 것이다. 결국 문제가 터졌다. 1863년, 평소보다 엄격한 기준을 적용한 탓에 너무나도 적은 수의 작품만 살롱전에 입선한 것이 화근이었다. 떨어진 작가들의 불평이 터졌고, 그들의 항의는 나폴레옹 3세 Charles Louis Napoléon Bonaparte (1808-1873)에게까지 닿았다. 나폴레옹 3세는 불만을 잠재우기 위해 낙방한 이들을 위한, 이른바 《낙선전》을 열었다. 하루에 천 명이 넘는 방문객이 낙선전을 찾을 정도로 전시는 대성황을 거두었다. 다만 '심사에서 떨어진 그림'이라는 선입견을 품은 평론가와 시민들이 좋은 평가를 할 리는 없었다. 이러한 낙선전에서 단연 화제의 중심에 오른 화가가 있었다. 바로 에두아르 마네였다.

일곱 번 넘어져도 여덟 번 일어난
에두아르 마네를 만나다
#프랑스 파리

파리에서 가장 좋아하는 곳을 손에 꼽는 일은 무척이나 힘들다. 긴 고민 끝에 항상 입 밖으로 나오는 장소는 언제나 오르세 미술관이다. 분위기와 규모, 소장품, 내부의 카페 등, 장소를 특정하니 선호하는 이유가 단숨에 쏟아져 나온다. 본래 기차역이었던 이곳은 1986년 미술관으로 개관하였고, 루브르 박물관에 있던 소장품 중 19세기 중반 이후의 예술품을 이관해 현재의 컬렉션을 완성했다. 내부로 들어서니 과연 여느 미술관과는 느낌이 다르다. 기차를 품었던 중앙은 활짝 트여 있고, 천장과 양쪽의 창을 통해 햇볕이 들어 채광이 좋다. 서두를 게 없으니 유유히 거닐었다. 감색의 벽 위에 걸린 회화를 오래도록 바라보기도 했다. 많은 사람의 입방아에 오르내린 문제작, 마네의 〈풀밭 위의 점심식사〉였다.

파리에서 가장 좋아하는 미술관을 손에 꼽는 일은
무척이나 힘들다. 긴 고민 끝에 항상 입 밖으로 나오는 장소는
언제나 오르세 미술관이다.

마네는 1832년 법관의 아들로 태어나 부유한 환경에서 자랐다. 롤랭 중학교를 졸업한 마네는 창작에 뜻을 두었지만, 아들이 법률관이 되길 바랐던 아버지는 이를 반대했다. 부자는 마네가 해군 장교 시험을 보는 것으로 타협했다. 그러나 그는 장교 시험에서 두 차례 낙방하였고, 기어코 화가의 길을 걷기 시작했다. 1850년, 열여덟 살이 된 마네는 에콜 데 보자르에 입학했고, 아카데미적인 역사화가 토마스 쿠튀르 Thomas Couture (1815-1879) 아래에서 6년간 미술을 배웠다. 그는 1859년부터 꾸준히 살롱에 회화를 출품했지만, 결과는 매번 좋지 않았다. 1863년, 살롱에서 떨어진 화가들의 작품을 전시하는 《낙선전》이 열렸고, 마네의 〈풀밭 위의 점심 식사〉는 대중에게 충격을 안겼다. 허나 이는 예고편에 불과했다. 그가 2년 뒤 살롱에서 선보인 〈올랭피아〉는 19세기 최고 악명의 주인공이 되었다. 인상주의자들은 그의 강렬한 행보를 존경하며 따랐지만, 마네는 살롱의 공인을 기다리며 인상주의 전시에 참여하기를 거부했다. 1870년대 초, 마네는 공식적으로 유일한 제자인 에바 곤잘레스 Eva Gonzalès (1849-1883)를 들였고, 그에게 많은 영감을 준 동료 베르트 모리조 Berthe Morisot (1841-1895)와 인연을 맺었다. 1881년, 마네는 드디어 살롱에서 심사 없이 그림을 전시할 수 있는 자격과 레지옹 도뇌르 훈장을 받았다. 출품 22년 만에 그가 그렇게 원하던 살롱으로부터 인정받은 것이었다. 하지만 행복은 오래가지 않았다. 1883년 3월, 매독이 원인이 된 운동기능 장애로 마네의 왼발이 괴사했고, 끝내 발을 잘라내는 수술을 받았다. 수술한 지 11일 뒤, 마네는 51세의 젊은 나이로 세상을 떠났다.

붓 끝으로 몰고 온 파문,
〈풀밭 위의 점심식사
The Luncheon on the Grass〉

마네의 〈풀밭 위의 점심식사〉가 세상에 몰고 온 후폭풍은 어마어마했다. 옷을 입지 않은 여성과 옷을 잘 갖춰 입은 부르주아 남성이 함께 있는 장면은 마치 부르주아의 위선을 지적하는 것 같아 사람들을 당혹스럽게 만들었다. 특히 여자와 남자, 나체와 의복, 밝은 색상과 어두운 색상의 구분은 여성과 남성 사이의 분명한 사회적 차이를 드러내는 것이었다. 〈풀밭 위의 점심식사〉가 받았던 비난은 몹시 격렬했다. 공교롭게도 변화의 경계에 서 있었던 것이었다. 이 작품이 비판 받은 이유는 세 가지가 있었다.

첫 번째로, 주제가 지나치게 현실적이고 적나라했다. 그림에는 역사나 신화처럼 교훈적인 이야기가 아닌, 강이 흐르는 한적한 숲속에서 남녀 두 쌍이 목욕과 소풍을 즐기는 순간이 담겼다. 일군의 남녀 모티프는 세 거장의 회화에서 빌린 것으로, 티치아노의 〈전원 음악회 The Pastoral Concert〉(c. 1509-1510)와 16세기 이탈리아 판화가 라이몬디 Marcantonio Raimondi (c. 1470/1482-c. 1534)의 동판화로 전해지는 라파엘로의 〈파리스의 심판 Judgement of Paris〉, 그리고 조르조네 Giorgione (c. 1477/1478-1510)의 〈폭풍우 The Tempest〉(c. 1508)였다. 선대 예술가들의 작품에서 구도를 빌려 온 것은 더 큰 문제가 되었다. 역사화 형식에 속된 현실의 단면을 덧입힌 것 자체가 숭고한 전통을 더럽히는 행위로 해석된 것이다.

두 번째 이유는 당대의 미적 기준으로 보기에 워낙 못 그린 그림이었다. 우선 인물은 입체감 없이 평평하다. 마네는 중간 색조를 과감히 생략했고, 형상의 묘사를 단순화했다. 자연히 대상의 실루엣은 강조되고 명암의 표현이 최소화되면서 모든 것이 평면적으로 보였다. 더욱이 배경 중앙에서 목욕하는 여인이 같은 선상에 있는 오른편의 배에 비해 크게 그려졌고, 심지어 전경의 인물과 비교했을 때에도 작지 않다. 이를 보면, 마네가 배경 요소의 크기나 위치를 원근법에 맞춰 조정하지 않았다는 것을 알 수 있다. 거친 붓 터치가 만연한 배경은 깊이가 부족하여 소풍이 야외가 아니라 스튜디오에서 벌어지고 있다는 인상을 준다. 더군다나 스튜디오 조명을 대상에 직접 쐬어 그림자조차 거의 나타나지 않는다. 원근법으로 구현된 풍경에 익숙했던 사람들은 화면 안에서 공간의 깊이를 느끼기 어려웠다.

세 번째로, 대중은 여성의 시선을 불편하게 느꼈다. 역사화를 포함한 전통적인 미술의 등장인물은 대개 관객과 눈을 마주치지 않는다. 그래서 관람자는 그저 마음 편히 화폭 속 대상을 들여다보며 이야기에 몰입할 수 있었다. 〈풀밭 위의 점심식사〉는 이와 달랐다. 편안한 자세로 앉아 뭇사람을 응시하는 여인의 눈빛은 그녀가 실존 여성이라는 것을 상기시키듯이 강렬하다. 하물며 그녀가 빅토린 뫼랑Victorine-Louise Meurent (1844-1927)이라는 것도 알려졌으니, 보는 이들은 그 눈길을 피하고 싶었을 것이다. 여인의 시선에서 화가와 모델의 관계, 관람객과 그림의 관계에 대한 질문이 제기되었다.

풀밭 위의 점심식사
캔버스에 유채. 208×264cm.
오르세 미술관 (1863년).

선망 섞인 오기,
〈올랭피아 Olympia〉

1865년, 파리 예술계는 엄청난 스캔들로 시끄러웠다. 화제의 주인공은 마네의 〈올랭피아〉였다. 그림이 전시되자 사람들의 혹평과 비아냥이 빗발쳤다. 분노한 일부 관객이 지팡이나 우산으로 작품을 훼손하려고 난동을 부린 까닭에 〈올랭피아〉가 눈에 잘 띄지 않는 천장 아래로 옮겨지기도 했다. 야유의 이유는 여인이 파리의 감추고 싶은 단면을 시사한 것 같았기 때문이었다. 19세기 초반 파리의 매춘부는 만 명 내외였지만, 프랑스 제3공화국이 시작된 1870년대 무렵에는 공식적으로 등록된 매춘부만 해도 15만 명이었다. 당시 파리 인구가 200만 명 정도였으니 그야말로 놀라운 수치였다. 이처럼 근대화된 도시에서는 거리와 카페, 극장 어디서든 매춘부를 흔히 볼 수 있었다. 이러한 상황에서 올랭피아라는 명칭은 매춘부들 사이에서 유행하던 예명이었고, 오페라와 연극의 중심인물, 그리고 시에 오르내리는 이름이었다.

한 여인이 침대에 누워 화면 밖을 주시한다. 모델은 이번에도 뫼랑이었다. 그녀는 신성한 비너스가 아닌 현실을 영악하게 알고 있는 매춘부로 변신했다. 여인은 관객을 향해 건조하고 냉담한 시선을 던진다. 그로 인해 〈올랭피아〉를 감상하는 이들이 매춘부를 찾아온 고객의 자리에 위치한다. 손님이 된 관람자는 여인의 수동적인 자태가 아닌, 다소 거만하고 심지어 주체적인 모습을 보며 당황했을 테다.

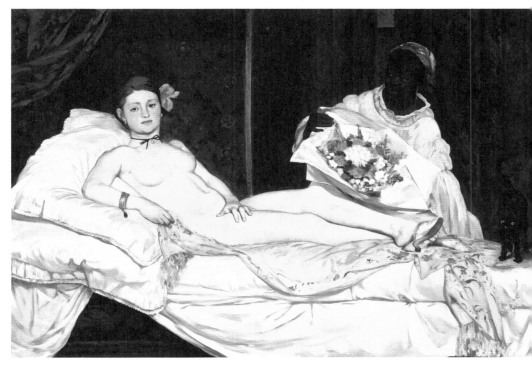

올랭피아
캔버스에 유채. 130×190cm.
오르세 미술관 (1863년).

여인의 곁에는 흑인 하녀가 막 도착한 손님으로부터 받은 꽃다발을 들고 있고, 침대 끝에는 꼬리를 치켜든 검은 고양이가 방해를 받아 귀찮은 듯 일어서 있다. 여자는 직업여성들 사이에서 유행하던 패션인 검은 리본 목걸이를 착용했다. 아울러 한쪽 발에만 슬리퍼를 신은 상태는 전통적으로 순결을 잃었음을 상징하며, 머리에 꽂은 난초꽃은 이 시기 최음제의 특성이 있는 것으로 여겨졌다. 이처럼 여인의 외양은 머리부터 발끝까지 매춘부임을 확연히 알리는 장치들로 구성되었다.

마네는 이 구도를 티치아노의 〈우르비노의 비너스 Venus of Urbino〉(1534)에서 착상했고, 도발의 아이콘인 고양이는 장 시메옹 샤르댕 Jean-Baptiste-Siméon Chardin (1699-1779)의 〈가오리 The Ray〉(1728)에서 가져왔다. 혹자는 작가 에드거 앨런 포 Edgar Allan Poe (1809-1849)의 단편 소설 《검은 고양이》(1843)로 풀이하기도 한다. 티치아노의 〈우르비노의 비너스〉와 마네의 〈올랭피아〉의 구성은 매우 유사하다. 다만 티치아노가 그린 여성은 그림 밖의 연인을 친근하게 이끌며 수줍은 시선을 던지는 반면, 마네의 화폭에 나타난 여인은 벌거벗었음에도 불구하고 당당한 태도로 상대를 쏘아본다. 전자를 비너스라 부르고 후자를 매춘부라 일컫는 이유가 그녀들의 눈빛에서 비롯되었다. 또한, 티치아노는 정절의 상징인 개를 여인의 발치에 그렸고, 마네는 동시대인들에게 문란하고 천박한 동물로 받아들여졌던 고양이를 묘사했다. 이처럼 마네는 고전적 회화인 티치아노의 〈우르비노의 비너스〉를 그대로 옮겨 19세기 파리의 옷을 입혔다.

마네의 '시녀들',
〈폴리 베르제르의 술집
A Bar at the Folies-Bergere〉

   마네의 마지막 살롱 출품작은 〈폴리 베르제르의 술집〉이었다. 그는 1877년부터 카페를 배경으로 작업을 제작했는데, 그중 〈폴리 베르제르의 술집〉은 그 주제의 결산으로 꼽힌다. 폴리 베르제르는 1869년에 문을 연 극장식 카페로, 프로이센-프랑스전쟁* 기간에는 공공 집회장으로 쓰였고, 이후에는 크고 호화로운 유흥의 장소로 평판이 자자했다. 카페 내 무대에서는 오페레타, 무언극, 발레, 곡예 등의 공연이 열렸고, 곳곳에 바가 있어 쉽게 술과 음료를 즐길 수 있었다. 이곳의 큰 매력은 여자 바텐더였다. 영국의 미술사학자 케네스 클라크Kenneth Clark (1903-1983)의 분석에 따르면, 이들은 은밀한 매춘 활동도 했다.

   정면의 테이블에는 술병과 과일 등이 진열되어 있고, 그 뒤로 계산대에 팔을 짚고 서 있는 여종업원이 있다. 그녀가 등지고 선 거울에는 그녀의 뒷모습과 그녀에게 말을 걸고 있는 남자 손님, 눈 앞에 펼쳐지는 공연과 이를 보는 관중의 상이 비친다. 왼쪽 위 모서리에는 초록색 발이 그려졌다. 공중 곡예 공연이 한창인 모양이다.

---

* 1870년부터 1871년까지 프로이센과 프랑스가 에스파냐 국왕의 선출 문제를 둘러싸고 벌인 전쟁이다. 프로이센이 크게 이겨 독일 통일이 이루어졌다.

폴리 베르제르의 술집
캔버스에 유채. 96×130cm.
코톨드 인스티튜트 갤러리 (1882년).

여성의 이름은 쉬종 Suzon 이라 알려진 실존 인물로, 1800년대 초에 폴리 베르제르에서 일했다. 주변의 활기와 동떨어진 그녀의 표정은 무심하면서 우울하다. 이런 점에서 그녀는 탁자 위에 놓인 술병과 다를 것이 없다. 흡사 그녀가 상품의 판매자라기보다는, 오히려 그녀 스스로 판매되는 처지로 보인다. 이는 곧 매춘과 이어진다.

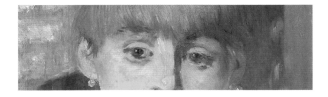

자세히 보니 여종업원의 눈동자가 살짝 오른쪽을 향해 있다. 그녀의 시선을 따라가면 왼편에서 공연을 보고 있는 군상에 다다른다. 마네는 평소 자신과 관계있는 지인을 화폭에 묘사하였다. 〈폴리 베르제르의 술집〉에서도 마찬가지였다. 군중에 자리한 인물들은 미모, 재능, 사치, 성, 문화 등을 대표하는 당대의 저명한 여성 인사들이었다. 어쩌면 여종업원은 본인이 오래전부터 갈망했던 화려한 세계에 있는 그녀들을 멍하니 바라보고 있던 게 아니었을까.

〈폴리 베르제르의 술집〉은 마네 작업의 총체라 할 수 있다. 근대의 도시 생활이라는 주제, 살롱 스타일의 규모와 기법, 인상주의적인 색채와 붓질, 정물의 비중, 관람자를 향한 직접적인 시선 등, 그의 이전 회화에 나타나는 주요 요소가 전부 드러난다. 그런데 화폭에서 유독 신경 쓰이는 부분은 따로 있다. 다름 아닌 거울에 비친 여종업원의 뒤태다. 바의 탁자와 여종업원, 그리고 거울이 모두 평행한 것에 비해, 거울에 비친 그녀의 형상은 오른쪽으로 치우쳐 있다. 게다가 꼿꼿이 서 있는 정면의 자세와 달리, 거울 속 그녀는 몸을 앞으로 조금 숙인 채 한 남자와 이야기를 나눈다. 만약 이것이 사실적인 표현이라면 남자의 신체가 화면 어딘가에 있어야 하지만, 아무리 눈을 씻고 찾아봐도 없다. 거울에 비친 신사가 어디에 있는지, 우리의 위치로 가정된 곳은 어디인지, 아무런 설명이 없어 혼란스럽다. 이러한 특징은 마네가 동경한 예술가인 벨라스케스의 〈시녀들〉과 유사하다.

소신을 굽히지 않은 혁명가

밖으로 나오니 하늘이 잿빛이다. 변덕스러운 파리의 날씨답다. 아스팔트 향이 점점 눅눅해지더니 10분이 채 안 되어 가는 비가 내린다. 비도 피할 겸 파리 6구 생제르맹의 한 카페에 들어섰다. 흐린 날씨 탓일까, 초록의 차양과 노란색의 글씨가 지난번보다 더욱 두드러져 보인다. 피카소, 어니스트 헤밍웨이 Ernest Miller Hemingway (1899-1961), 장 폴 사르트 Jean-Paul Sartre (1905-1980), 알베르 카뮈 Albert Camus (1913-1960) 등

19세기 예술가들이 즐겨 찾던 이 카페는 프랑스의 지성과 문화의 중심지 역할을 해왔다. 구석에 앉아 카푸치노를 주문하고 노트북을 펼쳤다. 타닥타닥, 난로에서 나는 소리에 맞춰 오늘의 여행에 대해 적어 내렸다. 어스름이 밀려오자 일과를 마친 사람들이 하나둘 모여들었다. 좀체 알아들을 수는 없지만, 그들의 올라간 입꼬리에는 서로의 꿈과 낭만이 걸려있는 듯하다. 공연히 마네의 모습이 겹쳐진다. 그 역시 이런 카페에서 동료 화가들과 찬란한 시간을 보냈으리라.

마네는 혁명가였다. 그는 낯설고 생경한 회화를 선보였고, 살롱전에서 철저히 거부당했다. 그러나 마네는 굴복하지 않았다. 그는 온갖 설움을 견뎌내며 부딪혔고, 마침내 결실을 보았다. 그리고 그 변혁은 또 다른 혁신을 낳아 현대미술의 장을 열었다. 마네가 성취하고자 했던 예술의 의미는 절대 단순하지 않았다. 그는 그림에 무수한 이야기를 숨겼고, 덕분에 그에 관한 연구가 끊임없이 쏟아져 나온다. 마네의 작품은 살롱의 인정을 뛰어넘어 영원에 존재하게 되었다. 그의 명작이 다음에는 또 어떻게 다가올지 벌써 기다려진다.

마네의 뮤즈들

마네에게는 두 명의 뮤즈가 있었다. 〈풀밭 위의 점심식사〉와 〈올랭피아〉의 주인공, 빅토린 뫼랑과 〈발코니 The Balcony〉(1868-1869)와 〈제비꽃 장식을 한 베르트 모리조 Berthe Morisot with a Bouquet of Violets〉(1872)의 중심인물, 베르트 모리조였다.

빅토린 뫼랑은 마네가 가장 좋아했던 모델이자 파리 살롱에 정기적으로 작품을 출품하는 예술가였다. 그녀는 열여섯 살 때부터 모델을 섰는데, 마네는 뫼랑이 거리에서 기타를 메고 가는 모습에 반해 그녀를 그리게 되었다고 전한다. 그녀가 마네의 그림에 처음 등장한 것은 〈거리의 가수 The Street Singer〉(1862)였다. 키가 특히 작았던 뫼랑은 '새우'라는 별명을 얻으며 화가들의 주목을 받았지만, 그녀의 진정한 매력은 말끄러미 쏘아보는 그녀의 눈동자였다. 그 강렬한 기색은 벌거벗은 채 관객을 당당히 바라보는 〈풀밭 위의 점심식사〉와 〈올랭피아〉에 고스란히 드러난다. 어떻게 보

면 반항적이고, 다른 한편으로는 신비로운 눈빛이다. 나체의 여성이 어떠한 수줍음 없이 타인을 직시한다는 것, 그것은 당대의 얌전한 숙녀에게 기대할 수 없는 것이었다. 뫼랑은 1870년대 초부터 본격적으로 미술 수업을 듣기 시작했다. 그러나 그녀는 마네가 부정한 학문적인 예술에 끌렸고, 자연스레 두 사람의 관계가 소원해졌다.

1868년 어느 날, 마네 앞에 베르트 모리조가 나타났다. 뫼랑의 자태가 거리의 여성에 가까웠다면, 모리조는 사회에서 손꼽는 현모양처의 상이었다. 부유한 부르주아 가정에서 태어난 그녀는 어린 시절부터 미술을 배웠고, 1864년 살롱에 풍경화를 출품한 적이 있는 어엿한 화가였다. 우아하고 산뜻한 '여성 화가' 모리조의 회화는 남성 비평가들로부터 '여성적인 매력으로 가득 찬 그림'으로 종종 분류되었지만, 사실 그녀는 인상주의자들과 어깨를 나란히 하는 진보적인 예술가였다. 마네와 모리조는 서로의 작업에 큰 영향을 미쳤다. 〈발코니〉는 마네가 모리조를 처음으로 화폭에 담은 작품이다. 낭만적이지만 접근하기 어려워 보이는 왼쪽의 여인이 바로 모리조다. 〈제비꽃 장식을 한 베르트 모리조〉는 마네가 그린 모리조의 수많은 초상화 중 정수로 꼽힌다. 모리조는 검은 옷을 입고, 검은 모자를 썼다. 또한, 실제로 그녀는 녹색의 눈을 가졌지만, 그림 속에서는 검은 눈동자로 비추어졌다. 마네가 그녀의 얼굴을 통해 스페인의 아름다움을 표현하고자 했던 것이다.

†마네의 뮤즈, 베르트 모리조†

　당시 마네와 모리조의 사이에 관한 여러 가지 소문과 낭설이 나돌았다. 하지만 1874년, 모리조가 마네의 동생 외젠과 결혼하면서 둘의 인연은 스승과 제자이자 평생의 동료로 정리되었다. 모리조는 마네가 죽은 후에도 그의 작품을 사들이고 전시회를 꾸준히 여는 등 마네의 위대함을 알리는 일에 매진했다.

　바람 같은 두 명의 뮤즈가 마네의 삶에 찾아왔다. 마네는 그녀들의 눈빛, 몸짓, 그리고 내면의 깊이를 보며 영감을 받았고, 붓을 들어 캔버스를 채웠다. 누군가에게 끝없는 영혼의 울림을 주는 사람이 되었다는 것, 나아가 이에 국한되지 않고 그녀들 스스로 예술가가 되었다는 것. 이러한 두 여인의 주체적인 움직임 덕분에 마네의 걸작이 더욱 대단하고, 당당하게 느껴지는 것이 아닐까.

X

모네

나는 날마다 더 아름다운 것을 발견한다

내 마음을 깨우는 것은 화려한 침묵이다.

클로드 모네(Claude Monet)

빛에 색을 입히다

1874년 4월 15일, 유명한 사진가였던 나다르 Nadar (1820-1910)의 스튜디오에서 전시회가 열렸다. 서른 명의 작가가 참여하고, 출품작도 200점 가량 되는 제법 큰 전시였다. 성과는 기대에 미치지 못했지만, 확실히 한 가지는 얻었다. 바로 '인상주의'라는 표현이었다. 전시작 중에는 클로드 모네 Claude Monet 의 〈인상, 해돋이 Impression, Sunrise〉가 포함되어 있었다. 작품을 본 미술 비평가 루이 르로이 Louis Leroy (1812-1885)는 프랑스의 풍자 신문《르 샤리바리》에 "인상 – 그것은 확실하다고 생각했다. 나는 인상을 받았고, 저 회화 속에는 어떤 인상이 있어야만 했다. 그런데 이 얼마나 자유롭고 편한 솜씨란 말인가! (그림이 걸리기 이전의) 벽지 패턴이 이 바다 풍경화보다 더 완전하다."라 혹평하며, 조롱 섞인 어투로 전시회에 참가한 그룹 전체를 '인상주의자들'이라 불렀다. 그러나 화가들은 이를 정당한 호칭으로 받아들였다.

인상주의의 바탕에는 들라크루아의 낭만주의 색채, 쿠르베의 사실주의적 태도, 마네가 추구한 근대적인 주제 등 예술의 새 흐름이 있었다. 또한, 한순간의 빛으로 현장을 포착하는 사진의 영향과 제2 제정기 프랑스의 산업화와 급격한 사회 변화도 인상주의가 탄생한 배경이었다. 당대를 살던 모네와 인상주의자들에게 현실은 보이는 바, 곧 겉모습이었다. 자연히 세상의 외형을 눈에 전달해주는 '빛'이 이들의 주요 주제가 되었고, 전통적 의미의 원근법, 구도, 소묘 따위의 기법은 무의미해졌다.

빛과 색을 쫓는 사냥꾼,
클로드 모네를 만나다
#프랑스 파리

　파리에서의 어느 나른한 오후였다. 피곤함에 프랑스 7구역에 잡은 호텔로 들어온 참이었다. 중정으로 난 창문을 열어 방 안의 공기를 차갑게 만들었다. 내린 커피에서는 김이 모락 났다. 두 온도는 금세 하나로 아득해졌다. 산들바람에 비거덕거리는 창문을 닫으러 가까이 다가갔다. 햇살과 바람에 따라 중정의 정경이 연거푸 달라졌다. 일순간 현실인지 그림인지 분간이 어려울 정도로 풍성한 색채의 향연이 펼쳐졌다. 이러한 찰나의 빛을 포착하려는 예술가가 있었다. 빛을 그리는 화가, 클로드 모네다.

　모네는 1840년 프랑스 파리에서 태어났다. 그가 다섯 살이 될 무렵 가족은 영국 해협의 프랑스 항구 도시인 르아브르로 거처를 옮겼다. 모네는 그곳에서 외젠 부댕 Eugène Louis Boudin (1824-1898)을 만나 외광회화*에 대한 기초적인 화법을 배웠고, 네덜란드의 풍경화가 요한 용킨트 Johan Barthold Jongkind (1819-1891)로부터 대기 중의 빛을 포착하는 방법을 익혔다. 1859년, 열아홉 살의 모네는 파리의 아카데미 쉬스에 진학하여 본격적으로 예술의 길에 올랐다. 이듬해에는 군대에 소집되어 알제리 주둔지에서 복무했고, 2년 뒤 장티푸스에 걸려 제대했다.

---

* 햇빛에 비추어진 자연의 색채를 직접 묘사하기 위해 야외에서 그린 그림

모네는 샤를 글레르 Marc Gabriel Charles Gleyre (1806-1874)를 스승으로 섬겼고, 그곳에서 평생의 절친인 오귀스트 르누아르 Pierre-Auguste Renoir (1841-1919)와 알프레드 시슬레 Alfred Sisley (1839-1899), 프레데리크 바지유 Jean Frédéric Bazille (1841-1870)를 만났다. 1867년, 모네의 모델이며 애인이었던 카미유 동시외 Camille Doncieux (1847-1879)가 아들 장 Jean (1867-1914)을 낳았다. 얼마 지나지 않아 프랑스에 프로이센-프랑스전쟁의 기운이 돌았고, 모네는 가족과 런던으로 피신해 4년을 보냈다. 1873년, 프랑스로 돌아온 모네는 카미유 피사로 Camille Pissarro (1830-1903)와 함께 '무명 화가 및 조각가, 판화가 협회'를 창설했고, 일 년 뒤 인상주의자들의 첫 전시회를 열었다. 모네는 그로부터 1886년까지 다섯 번의 인상주의 전시에 참여하면서 지도자로서 위치를 굳혔다. 그가 노르망디 지방의 지베르니로 이사한 건 1883년이었다. 그는 정원을 가꾸는 데 열심이었고, 뜰과 연못을 자주 화폭에 담았다. 그러나 1910년경부터 모네의 백내장 증상이 심해지더니 결국 1923년에 꺼리던 눈 수술을 받았다. 건강이 나빠졌음에도 불구하고 모네는 붓을 놓지 않았고, 말년에 〈수련〉 연작을 남겼다. 성공적인 예술가였던 그는 1926년 86세를 일기로 지베르니에서 숨을 거두었다.

타오르는 촛불, 스러져가는 불빛,
〈정원의 여인들 Women in the Garden〉,
〈임종을 맞은 카미유 Camille Monet on Her Deathbed〉

모네는 그림의 중요한 요소인 빛을 포착하고자 작업 단계의 대다수를 야외에서 진행했다. 〈정원의 여인들〉은 모네가 바깥에서 제작한 초기의 실험작이다. 그는 높이 255cm의 대작을 위해 도랑을 팠고, 캔버스를 고정한 채 화폭을 채웠다. 화면에는 네 명의 여인이 제각각 꽃과 경치에 취해 어우러져 있다. 머리카락 색이 조금씩 다르고 옷차림도 제각각이지만, 자세히 보면 네 여인은 비등한 체격에 비슷한 분위기를 풍긴다. 게다가 같은 공간에 있으면서도 서로 교감하지 않고, 각자의 역할에 몰입해 있다. 사실 이들은 모네의 뮤즈, 그의 첫 번째 부인인 카미유 한 명이었다. 카미유는 직업 모델로, 두 사람은 1865년 작가와 모델로 처음 만나 절절한 사랑에 빠졌다. 그래서일까, 이 무렵 모네가 그녀를 모델로 그린 회화는 한결같이 고아하고 화사하다. 모네는 잡지 삽화에 수록된 옷을 참고하여 〈정원의 여인들〉 속 카미유를 한층 세련되게 꾸몄다. 그는 1867년 살롱전에 맞추어 작품을 완성하였지만, 심사위원들은 주제와 서사의 부재, 두껍게 발린 물감 등을 구실로 전시를 거부하였다.

정원의 여인들
캔버스에 유채. 225×205cm.
오르세 미술관 (1866-1867년).

임종을 맞은 카미유
캔버스에 유채. 90×68cm.
오르세 미술관 (1879년).

모네는 카미유를 그리는 일에 몰두했지만, 그 행복은 오래가지 않았다. 1879년, 카미유가 32세의 나이로 세상을 떠난 것이다. 아내의 죽음은 엄청난 슬픔이었지만, 천생 화가였던 모네는 그녀의 마지막을 〈임종을 맞은 카미유〉로 남겼다. 그는 사랑하는 여인에게 닥친 죽음의 문턱에도 빛의 변화를 더듬는 본인의 무의식적인 움직임에 환멸을 느끼기도 했다. 이는 아마도 일생의 사랑이었던 카미유의 임종을 추모하는 모네만의 방식이었을 것이다. 모네는 훗날 프랑스 총리가 되는 친구, 조르주 클레망소 Georges Clemenceau (1841-1929)에게 쓴 편지에 그때의 상황을 서술했다.

"내게 무척 소중했던 여인이 죽음을 기다리고 있고,
이제 죽음이 찾아왔네.
그 순간 나는 너무나 놀라고 말았지.
시시각각 짙어지는 색채의 변화를 본능적으로
추적하는 나 자신을 발견했던 거야."

소슬한 색채와 붓 터치는 죽음을 맞이하는 시간을 쓸쓸히 수식하고, 카미유 가슴팍에 놓인 꽃다발의 흐릿한 윤곽은 애통한 이별의 순간을 더욱더 구슬프게 만든다. 모네는 〈임종을 맞은 카미유〉를 팔지 않고, 전시도 하지 않은 채 평생 간직했다. 더구나 그는 그녀와의 사별 후 풍경 묘사에 집중했고, 가끔 인물을 그릴 때는 모델을 알아보기 어려울 정도로 이목구비를 거의 그리지 않았다. 카미유만이 그의 유일무이한 모델임을 넌지시 밝혔던 게 아니었을까.

모네의 뮤즈는 카미유 한 사람이었다.
두 사람은 1865년 화가와 모델로 처음 만나
절절한 사랑에 빠졌다.

환상적인 실재,
⟨인상, 해돋이 Impression, Sunrise⟩

⟨인상, 해돋이⟩는 1874년 인상주의자들의 첫 전시에 소개되고, 추후 '인상주의'라 불린 찬란한 미술 사조에 이름을 붙여준 걸작이다. 1872년, 모네는 그가 유년기를 보냈던 르아브르를 방문하여 여섯 점의 풍경 연작을 진행했고, 그중 하나인 ⟨인상, 해돋이⟩를 세상에 선보였다. 그는 르아브르 항구에서 착상을 얻은 것은 맞지만, 반드시 이 회화를 르아브르의 풍광으로 볼 필요는 없다고 밝혔다. 그가 항구를 보고 느낀 즉흥적인 감흥을 그린 것이기 때문이다. 모네는 제목에 대해 "풍경이란 건 오직 인상, 즉물적인 인상이라서 이렇게 제목을 붙였다"라고 설명했다.

밝은 오렌지빛 태양이 자욱한 아침 안개를 뚫고 하늘로 떠오른다. 수면에 반사되는 일광은 아련한 분위기를 자아낸다. 전경에는 두 척의 작은 배가 떠 있고, 희미한 배경에는 더 많은 어선이 정박해 있다. 왼편에는 높은 돛대를 가진 범선이 있고, 그 뒤로 증기선의 굴뚝이 드러난다. 산업과 상업의 중심지였던 르아브르의 인상이 화면에 고스란히 담겼다.

⟨인상, 해돋이⟩는 제목만큼이나 기교도 단순하다. 그저 눈에 보이는 대로 그렸을 뿐이다. 화폭에는 항구의 시설, 몇 척의 배와 그것의 물그림자, 그리고 물결이 빚어내는 환상적인 이미지가 있다. 그러나 실상은 하나하나 가벼운 붓 터치로 이루어졌다.

인상, 해돋이
캔버스에 유채. 48×63cm.
마르모탕 미술관 (1872년).

모네는 사물의 형태를 뚜렷하게 그리지 않았고, 음영의 효과를 통해 그 흥취를 전했다. 바다와 하늘의 경계를 구분하는 것 역시 색채다. 붉은빛이 도는 하늘과 푸른 바다는 서로 겹치면서도 묘한 대조를 이룬다. 또한, 화면에서는 태양이 가장 밝은 것처럼 보이지만 실제 명도를 비교하면 하늘과 거의 차이가 없다. 비평가 루이 르로이는 모네의 작품이 스케치에 지나지 않는다고 공격적으로 비난했다. 어찌 보면 합리적인 비판이었다. 재현하는 대상을 명확하게 보여주지 않는 느슨하고 고르지 못한 붓질은 주로 스케치에서 나타나는 특성이었기 때문이다.

모네는 자연의 양상이 고정적이지 않고 끊임없이 변한다는 것을 보여주고자 짧고 자유로운 붓 터치로 전광석화의 찰나를 포착했다. 더욱이 어둠을 뚫고 해가 막 떠오르는 순간인데, 어디에도 검은색이 쓰이지 않았다. 검정을 쓰지 않고도 충분히 어둠을 묘사할 수 있다는 것은 매우 혁신적인 실험이었다. 아울러 그는 팔레트 위에서 물감을 섞지 않고 색을 서로 겹치게 채색하여 색의 진동 효과를 만들어냈다. 〈인상, 해돋이〉에는 이처럼 인상주의 화풍의 특징이 두루 담겨 있다.

노화가가 사회를 위로하는 방법,
〈**수련** Water Lilies〉연작

모네는 수련과 떼려야 뗄 수 없다. 특히 파리 오랑주리 미술관에 전시된 〈수련〉 연작은 모네가 남긴 최고의 명작이라 할 수 있다. '오랑주리'라는 이름은 원래 이곳이 루브르 궁전 내 튈르리 정원의 오렌지 나무를 위한 온실로 사용된 공간이었음을 드러낸다. 미술관 1층에 두 개의 커다란 타원형 전시실이 서로 이어져 있다. 전시실마다 네 점의 〈수련〉이 걸려 있으니, 총 여덟 점이 완만한 곡선의 벽을 따라 길게 펼쳐졌다. 작품의 높이는 2m에 이르고, 가로 길이를 모두 합치면 100여 미터에 달한다.

모네는 제1차 세계대전에서 무수한 젊은이가 죽어가는 것을 가슴 아프게 생각했다. 1918년, 종전이 선언되자 그는 전사자를 포함한 수많은 영혼을 추모하기 위하여 〈수련〉 두 점을 프랑스 정부에 기증하려 했다. 당시 총리였던 친구 클레망소는 모네의 뜻을 높이 치하하였고, 이 프로젝트를 확대해 그에게 총 여덟 점의 대작을 요청했다. 모네는 거작을 전시하기 알맞은 공간을 만들기 위해 미술관 설계자와 수시로 논의했다. 그가 제시한 조건은 "시민에게 일반 공개할 것, 장식이 없는 하얀 공간을 통해 전시실로 입장하게 하고, 작품은 자연광 아래에서 감상하게 할 것"이었다. 하지만 모네는 완공된 미술관을 보지 못했다. 개관 5개월 전에 세상을 떠나고 만 것이다.

수련 연작

캔버스에 유채. 200×1275cm.

오랑주리 박물관 (19세기 후반-1926년).

　전시실 내부로 들어섰다. 모네의 원숙한 기량으로 빚어낸 빛과 색의 조화가 눈 앞에 펼쳐진다. 그의 요구대로 높은 천장에서 쏟아지는 자연 채광도 가득하다. 햇볕은 수련이 가득한 못과 버드나무, 그들이 물에 비친 잔상에 더욱 따뜻한 온기를 더한다. 〈수련〉 연작은 가까이에서 볼 때와 한 걸음 떨어져서 볼 때의 감상이 확연히 다르다. 내내 뭉개진 붓 터치로만 보이던 것이 그림과 멀어질수록 특정한 형상으로 치환되면서 전율을 선사한다. 갤러리 중심부에 마련된 의자에 앉아 잔잔한 수면 위에 탐스럽게 핀 연꽃을 보다 보면 이내 내면의 고요 속으로 침잠해 들어간다.

모네가 큰 화폭을 선택한 이유는 실물 크기로 수련을 그리기 위한 것으로 짐작된다. 즉, 보이는 그대로의 수련을 물감으로 옮겨 놓으려 한 것이다. 모네는 보라색과 초록색, 그리고 푸른색을 두껍게 겹쳐 바르는 방식으로 수련과 물의 물질성을 드러냈다. 이에 더하여 그는 색을 대조적으로 배치하여 시각적 떨림 효과를 만들었고, 이를 통해 연못에 일렁이는 빛을 재현했다. 〈수련〉 연작이 전하는 느낌은 수면 위에서 발생하는 현상 그 이상이다. 모네가 물 아래로 굴절되는 빛의 효과까지 표현함으로써 연못의 깊이를 드러낸 덕분이다. 그런데 〈수련〉 연작은 자연을 사실적으로 재현하는 영역에서 벗어나 있다. 모네가 백내장으로 시력이 떨어진 탓에 관찰과 기억을 종합하여 형태와 색상을 구현했던 까닭이다.

형형색색의 아름다움

동녘에서 뜬 해가 서쪽으로 저물었다. 허공에 내민 손이 금방 차져 서둘러 주머니에 집어넣었다. 건너편 노인의 기침 소리가 한소끔 났다. 문득 이른 아침 노점에서 각양각색의 꽃을 팔던 할아버지가 떠올랐다. 지금쯤 그의 다채로운 존재는 누군가의 일상에 들어가 행복을 선사하고 있을 테다. 어쩌면 할아버지는 여태 피지 못한 낮은 채도의 꽃을 하나씩 보듬고 있을지도 모른다. 모네의 화폭에는 꽃이 빈번히 등장했다. 해바라기 화병, 정원의 여인이 들고 있는 원색의 꽃다발, 산책길에 피어 있는 파스텔색의 꽃, 그리고 연못 위의 고고한 연꽃까지, 모네의 꽃들은 그들의 빛나는 시절을 품고, 그 생생한 아름다움을 우리에게 전하며 일상에 향기를 더한다.

모네는 흔히 '빛과 색을 쫓는 사냥꾼'이라 불린다. 세잔이 그의 작품을 보며 '모네는 신의 눈을 가진 유일한 인간'이라 언급한 것도 유명한 일화다. 모네는 날씨와 시간에 따라 다르게 보이는 자연 풍경, 검게만 인식되던 그림자의 다양한 색상 등 존재하지 않았던 개념을 인지하면서 그만의 독특한 화풍을 개척했다. 더불어 모네는 무엇을 그릴 것인지 크게 고민하지 않았다. 그는 아내와 자식을 모델로 삼았고, 파리의 건물, 노르망디 해안, 그리고 스스로 꾸민 지베르니 정원에서 영감을 얻었다. 모네는 빛을 주제로 삼으며 이전 회화의 주요 주제였던 서사를 화면에서 제거하고, 그림이 다룰 수 있는 주제의 폭을 보이는 모든 것으로 넓혔다. 인상주의를 시작한 모네는 영원한 인상주의자로 자처하며 평생을 살다가, 인상주의 최후의 화가로 남아 그것이 어디까지 갈 수 있는지 보여준 거장이었다.

모네가 앓은 병

잠잠한 물길을 따라 수련이 유유히 떠다닌다. 모네의 〈수련〉을 응시하다 보면 마치 소우주를 바라보는 듯한 착각이 인다. 커다란 캔버스는 축축한 색으로 함빡 채워져 있는데, 사이사이 드러난 은은한 윤슬 덕분인지 슬그머니 마음이 포근해진다. 그야말로 제법 깊은 물에 세상 모든 근심이 고즈넉이 가라앉은 분위기다. 그런데 문득 의아하다. 모네가 수련이라는 분명한 형태를 보며 그 인상을 그린 것일 텐데, 대상의 색이 필요 이상으로 뒤섞여 있다. 버드나무의 짙은 녹색은 하늘로 번지고, 연못의 청색은 연꽃을 물들인다. 소재 사이의 경계도 유독 명확하지 않다. 자세히 들여다볼수록 그저 붓의 움직임으로 이루어진 거대한 추상화 같기도 하다. 그의 〈수련〉에 나타나는 특징은 모네가 앓은 병에서 기인하였다.

모네는 대부분의 작업을 야외에서 착수해 야외에서 끝냈다. 그의 회화적 관점에서 가장 중요한 요소인 '빛'을 순간적으로 포착해야 했기 때문이

었다. 평생 직사광선 아래에서 그림을 그렸던 그는 노년에 시력이 극히 나빠졌다. 70대에 접어든 모네는 백내장의 첫 징후를 느꼈다. 그는 독일의 안과의사 리하르트 리브리치 Richard Liebreich (1830-1917)의 진찰을 받고자 1913년 런던으로 향했고, 오른쪽 눈에 대한 백내장 수술이 필요하다는 진단을 받았다. 하지만 모네는 잘못될 수 있는 수술을 걱정하며 이를 거부했고, 새 안경을 처방받은 채로 돌아왔다. 색을 인식하는 것은 몇 년에 걸쳐 점점 더 어려워졌다. 그의 획은 조금씩 넓어졌고, 색조는 갈수록 어두워졌다. 모네는 원하는 결과를 얻기 위해 물감에 라벨을 붙였고, 팔레트에 철저한 순서를 유지했다. 눈부심을 없애기 위한 밀짚모자도 준비했다. 그는 대상의 특성을 공식화했고, 기억과 상상을 토대로 작업을 이어갔다. 1923년, 모네는 결국 꺼리던 눈 수술을 받았다. 다행히 그의 시각 장애는 점차 개선되었고, 말년까지 꾸준히 그림을 창작할 수 있었다.

대다수 화가에게 눈은 그들의 삶 자체라 해도 과언이 아니다. 백내장을 앓던 모네의 절망이 얼마나 컸을지 이루 다 헤아릴 수 없다. 그러나 그는 백내장을 받아들였다. 모네는 붓을 들고, 본인의 눈으로만 볼 수 있는 빛의 풍경을 묘사하기 시작했다. 자연의 아름다움을 남기는 도구로 자신의 눈과 손을 운용한 것이다. 백내장이 진행된 이후에 제작된 그의 회화는 의학계에서 논의의 주제가 되어왔다. 실제로 초기 작품과 달리 거칠고 투박한 획으로 그려진 이 시기의 작업에는 소재의 형상이 뚜렷하지 않고, 선과

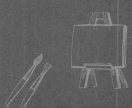

면의 차이가 불분명하다. 또한, 초반에는 녹색과 푸른색을 포함한 다채로운 색이 사용되었다면, 후기로 갈수록 색상 구분이 흐릿해지고, 노란색과 붉은색이 만연해졌다. 따라서 모네의 그림이 점차 표현주의적인 스타일로 바뀐 것은 의도적인 실험이 아니라 백내장의 여파였을 가능성이 크다. 그럼에도 불구하고 백내장의 영향을 받은 그의 후기 작품은 인상주의와 현대 추상 미술의 연결 고리를 만들며 예술의 진보를 끌어냈다.

XI

세잔

변하지 않는 것에 대한 동경

미술에서 가장 매혹적인 것은 화가의 개성이다.

폴 세잔(Paul Cézanne)

근원에 대한 탐닉

"한순간의 인상을 포착하는 데에 너무 매달려 있는 것이 아닐까.
 그러다 보니 무계획하고 무분별하게 보이지 않는가.
 미술은 그것 너머의 무엇을 포착해야 한다."

　　19세기 파리 화단을 주름잡던 인상주의에 염증을 느끼고 자기의 소신
을 밝힌 작가가 있다. 젊은 시절 인상주의자들의 전시에 참여했지만, 결
국 엑상프로방스로 돌아가 예술의 목적을 탐구했던 화가, 바로 폴 세잔
Paul Cézanne 이었다.

세잔은 인상주의자들이 발견한 빛의 표현에 깊은 감명을 받았으나 완전히 그 흐름에 빠져들 수는 없었다. 그는 인상주의가 부정했던 물체의 고유색에 주목했다. 즉 외양의 색은 빛에 의해 다소 변할지라도, 사물은 언제나 고유한 색채를 보유하고 있다고 믿었다. 또한, 인상주의자들이 간과했던 만물의 본질*에 집중했고, 피사체를 구조적으로 파악하려는 시도를 이어갔다. 세잔 사망 후 이듬해 열린 회고전은 대단한 반향을 불러일으켰다. 특히 세잔의 작업에 감격한 영국의 예술가이자 비평가 로저 프라이 Roger Eliot Fry (1866-1934)가 전시에 대한 설명에 '후기 인상주의'라는 말을 쓰면서 세잔은 폴 고갱 Paul Gauguin (1848-1903), 반 고흐 Vincent van Gogh와 더불어 후기 인상주의 화가로 불리게 되었다.

* 근원적으로 변하지 않는 고유의 기질, 원래의 상태, 본래의 성질

조용히 치열했던 삶,
폴 세잔을 만나다
#프랑스 엑상프로방스

엑상프로방스. 이름마저 낯선 프랑스 남부 지역으로 여행을 떠났던 적이 있다. 순전히 세잔의 고향이고, 근처에 그의 생가와 아틀리에가 있기 때문이었다. 현지인들은 엑상프로방스를 짧게 '엑스'라 부르는데, 엑스는 고대 라틴어로 물을 의미한다. 엑상프로방스는 물의 도시답게 도시 곳곳에 분수가 있어 어디를 가도 시원하다. 사람들은 너른 광장에서 자전거를 타거나 음악을 들으며 일광욕을 즐긴다. 테라스를 넓게 펼친 한 카페에 들어섰다. 한참을 그 자리에 머물며, 그저 너푼너푼 떨어지는 플라타너스 잎을 바라보았다. 생기발랄하고 여유 넘치는 도시 엑상프로방스, 그러나 세잔은 이곳에서 마냥 치열했다.

세잔은 1839년 엑상프로방스에서 부유한 은행가의 아들로 태어났다. 그는 열 살 무렵부터 화가의 꿈을 키웠지만, 아버지의 반대로 부르봉 학교에 진학했고, 이곳에서 훗날 유명한 작가가 된 에밀 졸라Émile Zola (1840-1902)를 처음 만났다. 1859년에는 부친의 바람대로 엑스 대학교의 법학과에 진학하여 약 2년간 법을 공부했다. 다만 예술가의 꿈을 접지는 않았다. 마침내 아버지의 승낙을 받은 세잔은 1861년, 스물둘의 나이에 파리로 향했다. 그는 아카데미 쉬스에 등록하여 미술을 연마했다. 그러나 얼마 지나지 않아 실력의 한계를 느껴 우울증에 빠졌고, 6개월 만에 고향으로 돌아왔다. 이듬해 그는 굳은 다짐을 품고 다시 파리 화단에 뛰어들었다. 세잔은 꾸준히 작업하며 살롱전에 그림을 출품했지만, 결과는 매번 낙방이었다. 그는 여느 작가처럼 1863년에 개최된《낙선전》에 작품을 선보였다. 세잔은 1870년대부터 인상주의자들과 교류하면서 빛에 관심을 가졌고, 나아가 기본이 되는 형태를 파고들었다. 1880년대 초부터는 엑상프로방스에 머물며 약 1,300점에 달하는 소묘, 수채화, 유화를 창작했다. 30년 이상 친구로 지냈던 에밀 졸라와의 오랜 우정이 끝난 것도 이 시기였다. 세잔은 졸라가 1886년에 발표한《작품》의 비극적인 주인공이 본인을 풍자한 인물이라 확신했다. 1895년에는 화상 앙브루아즈 볼라르 Ambroise Vollard (1866-1939)의 기획으로 파리에서 첫 개인전을 열었고, 성공적으로 마무리했다. 1906년 10월, 세잔은 평소와 같이 야외에서 작업하고 있었다. 그러던 중 갑작스러운 폭우가 내렸고, 세잔은 심한 독감과 폐렴에 걸리고 말았다. 오랜 당뇨병에 겹쳐 상태가 날로 악화한 그는 끝내 회복하지 못했고, 일주일 만에 67년의 생애를 마쳤다.

❝ 엑상프로방스에서 자연 풍경이 먼저인지,
세잔의 예술이 먼저인지를 논하는 건 무의미하다.
도심 곳곳에 남아 있는
세잔의 흔적을 보면 더욱 그렇다. ❞

집념의 사나이,
〈카드놀이 하는 사람들 The Card Players〉

카드놀이는 당시 빈번히 활용되던 주제였다. 단지 여타의 도상이 남자들의 소일거리나 도박의 어리석음 등을 논점으로 시사한 반면, 세잔의 그림은 회화 자체로 작용했다. 그가 주제를 강조하는 대신, 형태 및 색의 고유성과 명료한 구도 포착에 매달린 것이다. 세잔은 '카드놀이 하는 사람들'을 모티브로 다섯 점을 제작했다. 미국의 메트로폴리탄 미술관과 반스 재단이 소장한 초기작 두 점에는 네다섯 사람이 등장하고, 화면에 역동성을 주는 부수적인 물체가 놓였다. 이후 세 점의 작품에는 별다른 묘사는 생략된 채, 오로지 카드놀이 하는 두 명에게 초점이 맞추어져 있다. 세잔은 불필요한 세부 사항을 제거하고 절대적인 필수 요소만 남기며 자신이 추구한 화면을 구현했다. 세 작품은 각각 스웨덴의 개인 소장가, 런던의 코톨드 갤러리, 그리고 파리의 오르세 미술관에 소장되어 있다.

오르세 미술관 소장 〈카드놀이 하는 사람들〉은 세잔이 마지막으로 그린 카드놀이 장면으로, 일련의 연작 중 제일 잘 알려져 있고, 또 가장 작다. 세잔은 엑상프로방스 자 드 부팡 마을의 노동자들을 화폭에 담았다. 두 명의 남성은 그들이 소유한 최고로 좋은 옷을 입고, 중절모를 썼다. 그들은 황갈색의 천이 덮인 식탁에 앉아 서로가 아닌 손에 쥔 카드를 내려다보며 당면한 게임에 집중하고 있다. 주변에는 술병 하나와 파이프 담배만이 드러나고, 그 장소가 어디인지는 정확히 알 수 없다. 한 평론가는 이 광경을

'인간 정물'이라 서술하였고, 다른 연구자는 남성들이 게임에 빠져든 모습이 예술에 열중하는 화가의 상을 반영한다고 추측했다.

　〈카드놀이 하는 사람들〉에는 세잔이 평생 몰입했던 만물의 시초를 탐색한 결과가 고스란히 들어 있다. 세잔은 형체를 간단하게 표현했고, 황토색과 갈색 계열의 색상으로 통일감을 주며, 폭이 넓은 붓으로 색을 나열하듯 칠했다. 이러한 간결한 구성은 화폭을 평면적으로 만들어야 하는 게 분명한데, 묘하게 질감과 입체감이 나타난다. 세잔이 꼼꼼한 계산을 바탕으로 색의 명도와 채도를 조절한 덕분이다. 세잔은 두 인물의 옷 색상에 차이를 두었다. 나아가 어두운색으로 그려진 왼쪽 남성이 물고 있는 파이프와 셔츠 깃, 그가 든 카드에 흰색을 칠함으로써 뚜렷한 색의 대비를 부각했다. 게다가 사람의 머리는 구처럼, 모자와 목, 팔은 원기둥처럼 그렸다. 세상을 이루는 모든 것이 구와 원기둥, 원뿔로 귀착된다는 그의 신념이 발현되는 부분이다. 대칭적인 구도 또한 두드러지는 특징이다. 테이블 한가운데 수직으로 놓인 기다란 술병이 축이 되어 화면을 둘로 나누고, 두 남성의 손과 카드들, 팔의 각도, 휘어진 등의 곡선, 그리고 두 개의 모자에 흡사 거울에 반사된 상을 보는 것 같은 완벽한 균형이 존재한다.

카드놀이 하는 사람들
캔버스에 유채. 47.5×57cm.
오르세 미술관 (1890-1895년).

사실 이 명작은 역사 속으로 사라질 뻔했다. 1961년 8월, 엑상프로방스의 파빌리온에서 순회 전시를 하던 중, 다른 일곱 점의 회화와 함께 도난당했던 것이다. 프랑스 정부는 분실 사실을 인정하였고, 사라진 예술품 중 〈카드놀이 하는 사람들〉을 4색 우표로 발매하여 손실을 애도하였다. 다행히 몇 달 뒤, 세잔의 작품은 그에 상응하는 금액을 지급한 뒤에 회수되었다.

무미건조한 주제를 위대하게,
〈사과와 오렌지 Apples and Oranges〉

수많은 화가는 원근법과 명암을 교리처럼 받아들였다. 화폭에는 오직 하나의 시점과 소실점이 있어야 했고, 빛에 따라 물체를 묘사하는 것은 예술가들이 지켜야 할 원칙이었다. 알레고리* 배치도 빠질 수 없는 요체였다. 평론가들은 정물화를 감상할 때 사물이 내포한 의미를 찾기 바빴다. 뛰노는 개와 고양이는 가정의 행복을 상징하고, 칼은 권력, 그리고 해골을 죽음을 암시했다. 하지만 세잔의 〈사과와 오렌지〉에는 문자 그대로 사과와 오렌지만 있을 뿐, 어떠한 메시지도 없다. 심지어 시점과 소실점, 그리고 원근법도 명확하지 않다. 세잔은 그림의 법칙을 철저하게 외면한 채, 스스로의 미적 세계를 드러내는 데 몰두했다.

오르세 미술관에 있는 〈사과와 오렌지〉는 세잔의 정물화 중 유독 화려하다. 그는 각 정물에서 발산되는 풍성하고 다채로운 색을 예리하게 포착하였다. 실제와 닮게 그리려는 노력은 어디에도 없다. 달콤한 맛, 아삭거리는 식감이나 흘러나올 과즙 따위의 고정관념도 낱낱이 배제했다. 그저 사과와 오렌지 그 자체를 보고자 한 것이다. 정물 각각의 고유한 빛깔은 모자이크 조각처럼 작은 색면으로 이루어져 있는데, 이는 물체의 근본 구조를 파악하려는 방법이었다.

* 특정한 추상적 관념을 드러내기 위하여 구체적인 사물에 비유하여 표현하는 방법

사과와 오렌지
캔버스에 유채. 74×93cm.
오르세 미술관 (1895-1900년경).

세잔은 〈사과와 오렌지〉에서 이전 작업보다 더 완전한 연속성을 좇았다. 정물은 언뜻 널브러져 무작위로 놓은 것처럼 보이지만, 사실 전부 세잔의 의도에 의해 안배되었다. 그는 사물의 적합한 위치를 찾고, 절절한 색상을 사용하여 독특한 균형을 이루었다. 소파 위에 놓인 흰색의 식탁보는 과일 표면의 광택을 한층 빛나고 도드라지게 만든다. 풍성하게 접힌 식탁보와 소파의 천은 공간 전체에 분포되어, 금방이라도 정물이 앞으로 쏠릴 것 같다. 전통적인 수직, 수평의 구성이 보여주는 안정된 느낌과 사뭇 다르다. 이러한 불안정한 구도에도 불구하고 과일은 제자리에서 꿋꿋이 버틴다. 왼쪽의 접시와 중앙의 높은 그릇은 과일의 묶음을 자연스럽게 구분하고, 오른편에 놓인 꽃무늬의 물병은 앞에 놓인 과일과 뒤쪽 주름진 천 사이의 다리 역할을 한다. 그런데 얼핏 보아도 세 정물의 시점이 각기 상이하다. 이는 하나의 시점에서 피사체를 포착해야 한다는 전통적인 원근법에서 벗어나 다시점을 통해 소재의 근원을 나타내는 참신한 방식이었다. 이러한 독특한 접근법은 입체주의를 비롯해 현대미술의 전개에 큰 영향을 끼쳤다.

도형으로 이루어진 세상의 민낯
〈대수욕도 The Bathers〉

세잔은 그의 전 생애에 걸쳐 특정 모티브를 반복적으로 표현했다. 지각할 수 있는 대상의 기본 구조를 가시화하기 위해 하나의 주제를 여러 관점으로 조명한 것이다. 그는 1894년경부터 목욕하는 사람들 연작을 시작하여 사망 직전까지 지속하였다. 하지만 세잔의 그림에는 목욕하는 인물과는 전혀 무관한 세계가 담겼다. 그의 목표는 인체의 사실성에서 벗어나 빛에 의해 드러나는 형태와 색조, 그리고 인물과 자연을 융합하는 것이었다.

〈목욕하는 사람들〉로도 알려진 〈대수욕도〉는 세잔의 자연 속 누드 연구 중 가장 위대하다. 크기뿐 아니라 독창성과 힘, 위엄 면에서도 기념비적이다. 세잔은 야심 차게 〈대수욕도〉 작업을 착수했고, 7년 동안 이었지만, 끝내 완성하지 못했다. 전해지는 바에 의하면 세잔은 실제 모델을 보고 그리는 것을 선호하지 않았다. 그래서 그는 과거에 그린 소묘나 루브르 박물관에서 공부한 내용을 기반으로 이미지를 만들었고, 상상력을 가미해 목욕하는 여인의 자태를 그렸다. 그 결과 〈대수욕도〉에는 정물화만큼이나 정적이고 추상적인 신체로 가득 채워졌다. 또한, 고요한 강과 교회 탑이 있는 풍경은 실제 마을이 아니다. 세잔은 주변의 산수에서 얻은 인상과 기억 속 심상으로 자연의 고유성을 묘사했다.

대수욕도
캔버스에 유채. 208×249cm.
필라델피아 미술관 (1898-1905년경).

여성들의 얼굴은 가면을 쓴 것 같거나 아예 비어 있고, 그들의 몸은 각이 지거나 갈라졌다. 여기에는 해부학적 정확성보다는 근원의 순수성을 강조한 세잔의 철학이 담겨있다. 더욱이 전경에 있는 열네 명의 누드 중 여섯 명은 관객에게서 등을 돌렸다. 그들의 시선은 강에서 수영하고 있는 여인에게 닿는다. 인간 군상은 그들을 에워싼 나무와 강으로 이어지며 피라미드 모양을 형성한다. 구도의 연속성은 화폭에 운동감과 리듬감을 생성하고, 이는 세잔의 절제된 색감과 균일한 붓질을 통해 한층 강조된다. 그는 연한 파랑과 초록, 밝은 황갈색으로 색을 제한했고, 비슷한 굵기와 길이의 붓 터치를 전체적으로 분포시켰다. 〈대수욕도〉는 온갖 형상이 평면적인 색면으로 이루어진 그림이다. 이는 사물의 근본을 시각화하기 위해 추상적인 개념을 적용한 세잔의 연출이었다.

〈대수욕도〉에는 추상성이 다분하다. 거작에서 보이는 것은 목욕하는 사람이 아니라 그림의 '형식' 그 자체다. 화면에는 아무런 장식성이 없고, 그저 제목과 이미지만이 작품을 대변한다. 이는 확실히 세잔 이전에 존재하지 않았던 개념이었다. 회화는 세잔 이래 새로운 미학의 차원인 추상의 수준에 도달하였다.

본질을 향한 낯선 시선

엑상프로방스에서의 모든 것은 끝까지 서먹했다. 역사의 정경, 버스를 타기 전의 긴장감, 창밖으로 보이는 거리의 노점상과 생소한 언어로 대화를 나누는 대학생들, 그리고 숙소로 돌아가는 길에 보이는 별자리가 그랬다. 지금껏 평범한 일상과 경치를 비범하게 느끼는 건 여행하는 사람의 특혜라고 생각했다. 그러나 비단 여행자만의 특권은 아니었다. 엑상프로방스에서 여생을 보낸 세잔 역시 이곳의 풍광을 끊임없이 새롭게 관찰하며 객관화했다. 그는 이성과 감정을 붓끝에 이입하였고, 미술사를 뒤흔든 낯선 걸작을 탄생시켰다. 도심 곳곳에 남아 있는 세잔의 흔적은 여행을 더욱 풍성하게 한다. 지팡이를 짚고 무언가를 진지하게 응시하는 세잔의 동상, 돌바닥에 새겨진 이니셜 'C', 그의 삶에 맞춰진 생가와 아틀리에까지 경험하다 보면 여행자는 자연스레 그가 남긴 작품을 따라 걸으며 예술과 풍경의 경계를 맴돈다.

세잔은 스스로 제기한 예술적 문제점을 해결하기 위해 전 생애를 바쳤다. 그는 사물의 본유적인 구조와 형상을 찾는 데 전념했다. 그는 "자연의 모든 형태는 원기둥과 구, 원뿔에서 비롯된다"는 견해를 밝히며 자연을 기본적인 도형으로 집약했고, 견고한 붓 터치와 색으로 입체감과 원근법을 나타내는 표현법을 창안했다. 세잔이 입체주의의 피카소나 야수주의의 앙리 마티스Henri Matisse 그리고 후대 화가들에게 미친 영향은 지대하다. 이런 그가 '근대회화의 아버지'라 불리는 건 어쩌면 당연한 일이다.

세잔은 언제나 자신의 그림이 단단하고 오래도록 지속하기를 원했다. 그 바람처럼 그의 작품은 오랜 시간 동안 견고하게 자리하며 우리에게 끝없는 영감을 선사하고 있다. 비록 몇 번의 좌절과 실패를 겪었지만, 세잔은 진득한 끈기로 직면한 과제를 성공적으로 마쳤다.

"그 사람이 20세기의 현대 화가들을 모두 만들었습니다.
내가 스승으로 모실 만한 유일한 이가 있다면, 오직 폴 세잔 뿐입니다."

- 파블로 피카소

미완성의 미학

엑상프로방스 여행에서 잊을 수 없는 장면을 꼽으라면, 기차를 타고 가는 내내 바라본 생 빅투아르 산이라 할 수 있다. 제자리의 산은 기차의 속도를 쫓지 못한 채 흐릿하게 흔들렸지만, 나는 나무가 없는 돌산의 정경을 눈앞에 뚜렷이 그릴 수 있었다. 분명 세잔의 생 빅투아르 산 그림을 보며 성장한 덕분일 테다. 어린 시절, 내 방 책장의 가장 낮은 곳에는 젊은 시절의 엄마가 유럽 여행에서 수집한 화첩이 켜켜이 쌓여있었다. 새파란 추억 위에 얹어지는 일상의 시간만큼 화첩 위로 먼지가 쌓였고, 흰 여백은 누렇게 물들었다. 화첩이 다시 펼쳐진 건 약 이십 년 전 어느 평일 오후였다. 미술 숙제를 앞둔 나는 고사리손으로 몇 권의 화집을 꺼내 들었고, 누구의 작품인지 모른 채로 명화 한 점을 따라 그렸다. 바로 세잔 화첩 표지에 실린 생 빅투아르 산 그림이었다. 빛바랜 화집이 뭐가 그리도 좋았는지, 그 후로도 틈틈이 그 낡은 냄새를 맡으며 세잔의 회화를 감상하곤 했다.

세잔은 자신이 몰두한 주제는 평생에 걸쳐 여러 점의 시리즈로 창작하였다. '생 빅투아르 산' 역시 30여 점의 연작으로 제작되었는데, 그중 메트로폴리탄 박물관에 소장된 〈고가교가 있는 생 빅투아르 산 풍경 Mont Sainte-Victoire and the Viaduct of the Arc River Valley〉(1882-1885)은 그 첫 번째 작품으로 알려졌다. '생 빅투아르 산' 연작에는 기존의 원근법이 아닌 다른 방식으로 공간을 만들고자 했던 세잔의 과감한 시도가 고스란히 드러난다. 그는 풍경과 물체를 한 덩어리로 취급하였지만, 놀랍게도 우리는 그의 그림에서 깊이감을 느낄 수 있다. 때때로 등장하는 전면의 나무와 붓 터치, 그리고 계획적으로 사용한 색채 덕이다. 그는 따뜻한 색감으로 전망을 묘사해 가까운 느낌을 주었고, 차가운 색조로 원경을 더욱 멀게 하였다. 세잔은 또한 삼각형, 사각형, 사다리꼴과 같은 기하학적인 모양으로 자연을 형용하며 리듬을 만들었고, 섬세한 붓 터치를 더하여 나뭇가지가 흔들리는 움직임을 시각화했다. '생 빅투아르 산' 연작에는 특정한 시간이나 계절, 날씨 등이 나타나지 않는다. 세잔이 자연의 외관이 아닌 내부 구조에 대한 명확한 감각을 구현하려 했기 때문이다. 그는 질서와 감흥 사이의 긴장을 끌어내며 표면과 깊이, 평면과 색 사이의 관계를 탐구하였다.

그런데 이상한 점이 있다. 생 빅투아르 산을 소재로 한 작업 중 일부가 아직 완성되지 않은 것처럼 보인다. 과연 세잔이 배경 칠하는 것을 잊어버린 것일까. 사실 이는 세잔이 의도적으로 하얗게 남긴 부분이다. 미완성처럼 보이는 표면은 1880년대 중반에 시작되어 1906년까지 그의 회화 전반에 점차 증가했다. 세잔에게 공백은 아직 그가 느끼지 못한 빛이나 색을 위한 예비 자리였고, 색채 사이의 조화를 이끄는 여백이었으며, 그가 모티브를 통해 경험한 단편적인 감각의 속성이었다. 이처럼 빈 공간은 채워진 면보다 더 많은 것을 내포한다. 게다가 그가 그토록 깊이 추구했던 자연과 사물의 본질을 이미 표현했다면, 미완성인 건 아무래도 상관없다. 어쩌면 세잔이 남긴 불완전의 아름다움은 우리에게 잉여의 필요성이나 불확실한 것의 가능성을 말하고 있는지도 모른다.

XII

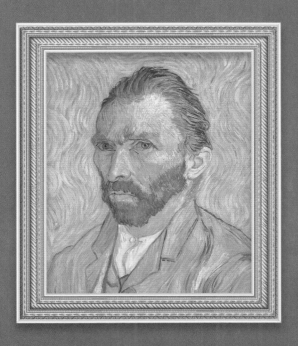

반 고흐
나는 내 그림을 꿈꾸고, 내 꿈을 그린다

가장 어두운 밤도 언젠가는 끝나고
해는 떠오를 것이다.

빈센트 반 고흐(Vincent van Gogh)

불운의 명장

"때때로 너무나도 강렬한 감정에 빠져 나 스스로 지금 무엇을 하고 있는지 모를 때가 있다. 마치 말을 할 때나 편지를 쓸 때 거침없이 단어들이 줄줄 쏟아져 나오듯이 붓놀림이 이루어지곤 한다."

무아지경에 빠져 그림을 그렸던 화가가 있다. 다름 아닌 빈센트 반 고흐다. 비극적일 정도로 짧은 삶이었음에도 반 고흐는 전 세계적으로 인기 있는 예술가 중 한 명이다. 화가로서 그의 경력은 10년이 채 못 된다. 더욱이 그에게 명성을 가져다준 작품은 정신적인 고통으로 생활이 여의찮았던 마지막 3년 동안에 그려진 것들이다. 흔히 그의 삶을 설명할 때 공허와 절망, 광기 그리고 자살과 같은 자극적인 단어들이 사용되곤 한다. 간혹 부정적인 낱말이 그의 예술 세계를 단정 지을 것만 같아 걱정될 때가 있다. 그의 회화는 아직 붓 자국도 마르지 않은 느낌이다. 화폭 가득 원색의 색 점이 요동치고, 붓놀림 하나하나가 그의 격앙된 감정을 전달한다. 반 고흐는 고독이라는 그늘 안에서 오색찬란한 색의 실로 빛을 꿰는 바느질꾼이었다.

꿈을 그린 화가,
빈센트 반 고흐를 만나다
#프랑스 아를

　프랑스 남부의 니스에서 시작해 파리로 올라가는 여행을 떠난 적이 있다. 프랑스 예술가들의 발자취를 더듬어 그들의 삶을 이해하는 여정이었다. 가장 많은 기대를 품었던 장소는 아를이었다. 반 고흐가 바라보고 그린 론강과 카페, 그리고 한적한 마을을 직접 볼 수 있다는 기대감에 한껏 부풀었다. 아를역은 꼭 우리네 자그마한 기차역처럼 정겹다. 오밀조밀 모여있는 아를의 중심가를 걷다 보니 이내 한 건물이 눈에 든다. 노랗게 칠해진 건물 벽면과 누르스름한 천막이 드리워진 골목길의 어느 카페. 처음 보는 건물이지만 유달리 친숙하다. 반 고흐의 〈밤의 카페 테라스 Café Terrace at Night 〉(1888)에 담긴 바로 그 카페다. 화가는 1888년 9월 중순의 어느 저녁, 카페의 전경을 통해 영롱한 밤의 정경을 드러냈다. 카페의 문은 굳게 닫혀있었다. 하필이면 비 오는 날, 게다가 문도 열지 않은 시간에 찾았던 것이었다. 침울한 적요는 주변을 내리눌렀다. 반 고흐의 선명한 회화와 대비되는 분위기는 마냥 고적했다.

　반 고흐는 1853년 네덜란드 남부의 작은 마을인 그루트 준데르트에서 독일 개혁 교회의 목사 아들로 태어났다. 그는 열여섯 살에 프랑스에 본점이 있는 구필 앤 씨 화랑의 헤이그 지점에서 수습사원으로 일했다. 그러나 곧 화상 일에 회의를 느끼고, 목사의 꿈을 품었다. 화가로 다시 진로를 바꾼 건 1880년이었다. 1885년, 반 고흐는 안트베르펜의 미술학교에 진학했다가 퇴학당했고, 북부 브라반트의 뉘넌으로 이사해 초기작 〈감자 먹는 사람들 The Potato Eaters〉(1885)을 그렸다. 이듬해 반 고흐는 동생 테오 Theodorus van Gogh (1857-1891)가 사는 파리로 이주하여, 역사 화가인 페르낭 코르몽 Fernand Cormon (1845-1924)의 작업실에서 수련했다. 반 고흐는 예술가들의 공동체를 세우겠다는 계획을 갖고 프랑스 남부 아를로 떠났고, 라마르틴 광장의 '노란 집'에 머물렀다. 더불어 테오를 설득해 고갱을 후원하도록 했다. 고갱은 테오의 제안을 받아들여 그해 10월 아를로 거처를 옮겼지만, 결국 반 고흐와의 갈등으로 9주 뒤 아를을 떠났다. 이후 반 고흐의 정신은 점차 쇠약해졌다. 1889년 5월, 그는 생 레미에 있는 정신병원에 자발적으로 입원했고, 1890년에는 오베르쉬르우아즈에 있는 가셰 Paul Gachet (1828-1909) 박사를 찾아갔다. 활력을 되찾은 반 고흐는 1890년 7월 27일, 그림을 그리기 위해 오베르 성 뒤편의 밀밭으로 나갔다. 그런데 이날, 반 고흐는 자신의 왼쪽 가슴에 권총을 겨누고 방아쇠를 당겼다. 그는 빗나간 총알로 잠시 기절한 뒤 하숙집으로 돌아갔다. 의사와 가셰 박사가 서둘러 불려왔다. 다음날 테오도 모든 일을 뒤로하고 달려왔다. 새벽 1시, 고통을 호소하던 반 고흐가 서른일곱의 젊은 나이로 죽었다. 형의 죽음 후 테오의 삶은 급격히 무너졌고, 불과 6개월 만에 그도 세상을 떠났다. 1915년, 테오의 시신은 오베르쉬르우아즈에 있는 형의 묘지 옆으로 이장되었다.

　　❝ 노랗게 칠해진 건물 벽면과
노르스름한 천막이 드리워진 골목길의 어느 카페.
처음 보는 건물이지만 분명 친숙하다.
반 고흐의 〈밤의 카페 테라스〉에 등장한 밤의 카페다. ❞

밤의 카페 테라스 Café Terrace at Night

다채로운 그의 방 한 구석,
〈아를의 반 고흐의 방 Bedroom in Arles〉

네덜란드 암스테르담에서 늘 북적이는 장소를 꼽자면 단연 반 고흐 미술관이라 할 수 있다. 이곳을 거치지 않는 암스테르담 여행자가 있을까 싶을 정도로 세계 각국에서 사람들이 몰린다. 사실 미술관 명칭에 붙은 '반 고흐'라는 이름만으로 이곳을 찾는 이유가 충분하다. 전시된 반 고흐의 명작 중 유독 눈길을 잡아끈 회화가 있었다. 1888년 10월, 반 고흐가 아를에서 그린 〈아를의 반 고흐의 방〉이다. 두 개의 의자와 두 개의 베개, 그리고 두 점의 액자가 눈에 든다. 집을 장식하려는 목적으로 그려진 작업이지만, 화면에 존재하는 한 쌍의 소재들이 동료에 대한 반 고흐의 마음을 대변하는 듯하다. 그는 같은 주제로 세 점을 제작했고, 1889년에 그린 두 작품은 현재 프랑스 오르세 미술관과 미국 시카고 미술관에 보존되어 있다.

반 고흐는 정확한 묘사에는 크게 관심을 두지 않았다. 단지 사물을 보고 느낀 감정을 타인에게 전달하기 위해 다양한 색채를 활용하였고, 이를 통해 고요함과 절대적인 휴식을 부각했다. 세 점의 〈아를의 반 고흐의 방〉에는 침대, 의자, 창문 등의 주요 요소가 모두 동일한 위치에 놓였다. 다만 색과 세부적인 부분이 조금씩 다른데, 그중 분명한 차이를 나타내는 곳은 오른쪽 위에 걸린 두 점의 그림이다.

첫 번째 버전에는 그의 친구인 시인 외젠 보흐 Eugène Boch (1855-1941) 와 군인 폴 외젠 밀리에 Paul-Eugène Milliet 의 초상화가 있다. 두 번째 버전에 그려진 여인에 대해서는 명확히 알려진 바 없지만, 그 옆의 인물은 수염과 붉은색 머리카락, V자 목둘레선의 옷으로 미루어보아 1889년 9월 생레미에서 그린 자화상으로 짐작된다. 세 번째 버전에 등장하는 사람은 더욱 확실하다. 왼쪽은 반 고흐의 자화상이고 오른쪽은 그의 여동생 윌 반고흐 Wilhelmina Van Gogh (1862-1941)다.

아를의 반 고흐의 방
캔버스에 유채. 73×91cm.
반 고흐 미술관 (1888-1889년).

"이번에는 단순히 내 침실을 그리기로 했어. 오로지 색채만으로 전부를 그릴 거야. 색을 단순화시켜 방 안의 모든 물건에 장엄한 양식을 부여하고, 색채로 휴식 또는 수면을 암시할 수 있을 거야. …벽은 옅은 보라색으로 하고 바닥은 붉은 타일, 나무 침대와 의자는 신선한 버터와 같은 노란색, 침대 시트와 베개는 살짝 초록빛이 도는 유자색이야. 침대보는 진홍색, 창문은 초록색, 세면대는 오렌지색이고 대야는 푸른색, 그리고 문은 라일락색이야… 가구의 직각으로 다시 한번 완전한 휴식을 표현해야 해. 벽에는 초상화와 거울, 수건, 그리고 옷 몇 벌이 있어."

- 동생 테오에게 보낸 편지 中
Letter 554, Arles, 16 October 1888

마음에 품은 것의 표출구,
〈자화상 Self-Portrait〉시리즈

오르세 미술관 어딘가, 관람객이 웅성거리며 모여 있는 너머에 푸른 빛을 닮은 반 고흐의 자화상이 걸려 있다. 그의 초상을 보면 쉽사리 눈을 뗄 수 없다. 불안한 시선과 긴장한 표정이 관람자를 그의 정신세계로 끌어들이는 듯 강렬한 탓이다. 〈자화상〉은 반 고흐가 끊임없는 망상과 발작에 시달렸던 1889년 9월에 그린 것이다. 수척한 얼굴의 반 고흐는 평소 그가 작업할 때 입었던 두꺼운 모직 재킷이 아닌 단정한 양복 차림을 하고 있다. 화면 전반에는 쑥색과 옅은 청록색이 쓰였다. 이 푸른 빛의 색채는 반 고흐의 곱슬거리는 오렌지빛 머리, 그리고 수염과 대비된다. 정적인 그의 태도는 착시 효과를 주는 배경의 아라베스크 무늬 안에서 더욱 잠잠하다. 반 고흐는 10년 동안 무려 43점의 자화상을 창작했다. 그는 여동생에게 보낸 편지에 '나는 사진가가 포착한 사진 속 내 모습보다 더 심도 있는 나의 초상을 탐구하는 중이다.'라 적으며, 자화상에 본인의 심리 상태를 이입하였다.

자화상

캔버스에 유채. 54.5×65cm.
오르세 미술관 (1889년).

귀에 붕대를 맨 자화상
캔버스에 유채. 60×49cm.
코톨드 인스티튜트 갤러리 (1889년).

귀에 붕대를 감은 자화상 역시 유명한 작품이다. 그림에서 왼쪽 귀가 아닌 오른쪽 귀가 잘려져 있는 까닭은 반 고흐가 거울에 비친 얼굴을 그려 좌우가 뒤바뀌었기 때문이다. 〈귀에 붕대를 맨 자화상 Self-Portrait with Bandaged Ear〉은 병원에서 동생을 안심시키려 그린 것으로, 그는 테오에게 "편지보다는 초상화가 내 상태를 더 잘 보여줄 거라고 믿는다"고 기술했다. 반 고흐는 검은 모피가 달린 파란색 모자를 쓰고, 녹색의 두꺼운 외투를 입었다. 귀를 덮은 붕대는 턱 아래까지 감싸며 단단히 고정되어 있다. 그의 뒤로 살짝 열린 창문과 몇 번의 획이 그어진 이젤 위의 캔버스, 그리고 일본 목판화가 있다. 이 목판화는 1870년대 사토 토라키요 Sato Torakiyo가 제작한 〈게이샤가 있는 풍경 Geishas in a Landscape〉이다. 판화는 반 고흐가 애지중지하며 아꼈던 소장품으로, 그의 화풍에 자포니즘*이 큰 영향을 미쳤음을 보여준다. 반 고흐는 자화상을 통해 자신의 상처와 고통을 있는 그대로 보여주면서, 동시에 창작에 대한 열정을 내비쳤다.

---

* 19세기 중반 부터 20세기 초까지 서양 미술 전반에 나타난 일본 미술의 영향과 일본풍을 선호하는 현상

〈파이프를 물고 귀에 붕대를 한 자화상 Self-Portrait with Bandaged Ear and Pipe〉에는 아릿한 색채의 대비가 두드러진다. 반 고흐는 초록색 코트를 입고, 파란색과 보라색 실로 짜인 털모자를 썼다. 그의 두툼한 겨울옷은 외부 세계의 가혹함으로부터 그를 보호하는 듯하다. 바탕은 순전히 추상적으로, 아래에서 위로 갈수록 붉은색과 오렌지색, 그리고 노란색으로 옅어진다. 반 고흐의 파이프에서 둥글게 올라오는 노란색 연기는 구부러진 선의 집합체로 축소되고, 캔버스 윗면에서 배경에 흡수된다. 당시 파이프 담배는 보헤미안과 프롤레타리아를 상징했고, 반 고흐는 파이프가 시사하는 문화적 의미를 자각하고 화폭에 즐겨 담았다. 이 자화상에는 반 고흐의 불안한 감정이나 자기 파괴적인 충동이 드러나지 않는다. 그저 차분히 현 상태를 기록한 한 남자의 초상이 있을 뿐이다.

파이프를 물고 귀에 붕대를 한 자화상
캔버스에 유채. 51×45cm.
개인 소장 (1889년).

불안하고 불온하지만 찬란한,
〈별이 빛나는 밤 The Starry Night〉

화가의 걸작 중 하나로 꼽히는 〈별이 빛나는 밤〉에는 야간의 흥취가 담겼다. 반 고흐가 여동생 윌에게 쓴 편지에는 그가 밤의 아름다움을 느끼고, 암흑의 하늘을 검은색 없이 그릴 수 있다는 것에 크게 만족했다고 쓰여 있다. 이 시기에 그는 밤에 작업하기를 즐겼고, 눈앞에 있는 것을 똑같이 재현하기보다는 감흥을 표현하기 위하여 주관에 따라 색채를 다루었다. 뉴욕 현대미술관에 소장된 〈별이 빛나는 밤〉은 오늘날 반 고흐를 대표하는 작품이 되었지만, 역설적이게도 그가 쓴 편지에는 졸작 취급을 당했다. 〈별이 빛나는 밤〉은 반 고흐가 생 레미 요양원에 있을 때 그린 것으로, 흡사 고통에 괴로워하는 그의 영혼이 이야기를 마구 쏟아내는 것 같다. 그가 그린 황량하고 짙은 밤하늘에는 구름과 대기, 별빛과 달빛이 마구 소용돌이친다. 환상적이면서도 불온한 경치다.

하늘에는 달과 열 한 개의 노란 별이 금방이라도 터질 듯 밝게 반짝인다. 오른편에 눈부신 그믐달이 있고, 지평선 근처에 달 다음으로 빛나는 금성이 있다. 일부 천문학자는 반 고흐의 〈별이 빛나는 밤〉을 보고 구체적인 시기를 특정했다. 그들의 주장에 의하면 1889년 6월 중순 즈음, 달과 금성이 그림 속 위치처럼 놓여 있었다. 또한, 그때 금성과 달 사이에 양자리도 함께 떴는데, 마침 화폭에도 양자리를 이루는 별이 배치되어 있다.

별이 빛나는 밤
캔버스에 유채. 73.7×92.1cm.
뉴욕 현대미술관 (1889년).

비연속적인 터치로 구현된 하늘은 굽이치는 사이프러스와 연결되어 한결 동적이다. 반면, 화면 아래 밀집된 마을은 평온하고 잔잔하다. 시가지는 요양원 침실에서 바라본 전망으로 알려져 있다. 반 고흐는 있는 그대로 전경을 묘사하지 않고 부분적으로 재구성하였다. 교회의 첨탑은 네덜란드 뉘넌의 교회로 보인다. 왼편에 수직으로 높이 뻗은 사이프러스 나무는 반 고흐가 임의로 그려 넣은 소재다. 사이프러스는 당대 죽음을 암시하는 나무로 여겨졌다. 한 번 상처 입으면 금세 죽는 특성이 있었고, 또 공동묘지의 가림막 용도로 빈번히 쓰였던 것이다. 이와 반대로 오른쪽 아랫마을을 감싸는 수목은 올리브 나무로, 이는 새 생명과 평화를 내포한다. 하지만 반 고흐가 이러한 상징적인 의미를 의도했는지에 대해서는 의견이 분분하다. 기억과 상상을 결합한 〈별이 빛나는 밤〉은 자연 풍경에 대한 반 고흐의 주관과 감정을 직접적으로 털어놓은 결과물이었다.

〈별이 빛나는 밤〉에서 반 고흐의 필치는 보다 두꺼워지고 격렬하게 변했다. 붓놀림에서 그의 감정이 고스란히 느껴지고, 또 그가 어느 방향으로 어떻게 붓을 운용했는지 즉각 알아볼 수 있을 정도다. 이는 반 고흐가 즐겨 구사한 '임파스토 impasto' 기법이다. '임파스토'는 '반죽된'이라는 의미의 이탈리아어에서 유래된 용어로, 물감을 두텁게 칠해서 최대한의 질감과 입체적인 효과를 내는 방법이다. 임파스토 기법으로 형상화된 입체적인 곡선은 반 고흐 그림에 운동감을 드러내며 율동적인 흐름을 만든다.

가장 어두운 밤도 언젠가 끝나고
해는 떠오를 것이다

　노을이 짙은 론강을 바라보며 서둘러 해가 지기를 바랐다. 추운 강바람에 코끝이 빨개지고 눈이 시렸다. 반 고흐는 생 레미로 떠나기 전 〈론강에 비치는 별빛 Starry Night Over the Rhone〉(1888)을 그렸다. 그가 바라본 경관이 눈앞의 풍광이라 생각하니 가슴이 벅찼다. 혹여 강둑을 걷는 두 연인이 주변에 있을까 싶어 눈을 바삐 돌렸다. 순간 낮아진 햇살이 강물 표면에 닿으면서 작은 알갱이로 부서졌다. 그 파편은 반 고흐가 봤을 법한 별들처럼 눈부셨다. 짙은 어둠이 깔리면 그가 어떤 감정을 느꼈을지 짐작이라도 할 수 있을까, 괜한 긴장에 몸이 부들부들 떨렸다. 이내 밤하늘이 깔리고 하나 둘 씩 별이 밝았다. 반 고흐가 무한함을 표현하는 대상이 눈앞에 펼쳐졌다. 〈론강에 비치는 별빛〉 그대로였다.

　반 고흐는 선명한 색채와 솔직한 감정 표현, 그리고 그림에 대한 순수한 열정으로 20세기 미술에 지대한 영향을 미쳤다. 사실 어떠한 수식어도 반 고흐라는 이름 자체를 이길 수 없다. 비록 그의 삶은 고통으로 가득 차 있었지만, 반 고흐가 남긴 발자취에는 온통 아름다움이 새겨져 있다. 그의 눈에는 빛바랜 아를의 골목이 화사하게 보였던 모양이다. 더욱이 론강은 그렇게 찬란한 형태와 색으로 이루어져 있었나 보다. 반 고흐의 유산은 우리에게 그의 눈을 빌려 그 찬연한 정경을 감상할 기회를 주고 있다.

애증의 관계

반 고흐와 고갱의 첫 만남은 1887년 11월이었다. 어수룩한 '촌사람' 반 고흐는 화려한 언술과 거침없는 말투를 가진 '도시인' 고갱에게 완전히 사로잡혔다. 서로 다른 출신에 성격도 판이했지만, 그들의 회화가 추구하는 세계는 비슷했다. 선명한 색채가 뒤엉켜 나타나는 열정이 두 화가의 작품에서 솟구치고 있었다.

두 사람의 동거는 1888년 10월 아를에서 시작되었다. 반 고흐는 동경하던 고갱이 노란집으로 온다는 소식을 듣고 몹시 들떴고, 해바라기와 의자를 그리며 고갱과 함께할 공동체 생활을 장식했다. 그러나 이상과 현실 사이에는 상당한 간격이 있었다. 둘의 성향이 달라도 너무 달랐던 것이다. 예술가가 되기 전에 주식 중개인이었던 고갱은 늘 정갈하게 생활했지만, 반 고흐는 정리 정돈에 별 신경을 쓰지 않았다. 게다가 세속적인 성공을 좇으며 남의 이야기에는 크게 관심을 두지 않은 고갱과 달리, 그림

으로 더 나은 세상을 꿈꾸었던 반 고흐는 자기 생각을 마구잡이로 털어놓는 편이었다. 그들은 창작 과정에서도 차이를 보였다. 고갱은 현장 스케치를 한 후 작업실로 돌아와 이를 활용하며 그림을 그렸고, 현장의 즉흥성을 중시한 반 고흐는 작품을 한자리에서 끝맺곤 하였다. 둘의 대화는 점점 줄었고, 싸움의 횟수가 잦아졌다. 반 고흐는 고갱이 자신을 떠날지도 모른다는 생각에 항상 두려워했고, 불안한 심리는 상황을 더욱 악화시켰다.

1888년 12월 23일 저녁, 여느 때와 같이 반 고흐와 고갱의 말다툼이 벌어졌다. 그리고 그날 밤, 반 고흐는 스스로 왼쪽 귀를 절단했다. 그는 잘린 조직을 종이에 싸서 한 여인*에게 건네며 "이 오브제를 잘 보관하여 나를 기억해달라" 당부했고, 집에 돌아와 잠이 들었다. 다음 날 아침, 반 고흐는 경찰에 의해 의식을 잃은 채로 발견되어 병원으로 이송되었다. 사태를 알게 된 고갱은 테오에게 급히 전보를 쳤고, 이튿날 테오가 도착했다. 치료가 끝나고 테오는 파리로 되돌아갔다. 고갱 역시 테오와 함께 아를을 떠나 다시는 반 고흐를 보지 않았다. 9주간 이어온 이들의 동행은 이렇게 끝이 났다.

* 오랜 기간 동안 받아들여진 이야기는 반 고흐가 자신의 잘린 귀를 매춘부인 레이첼(Rachel)에게 주었다는 것이다. 그러나 미술사학자 머피(Bernadette Murphy)의 주장에 의하면, 반 고흐는 레이첼이 아닌 매춘업소에서 청소 일을 하던 가비(Gaby: 본명 Gabrielle Berlatier)에게 귀를 전달했다.

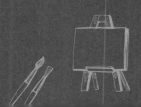

반 고흐가 귀를 자른 정확한 사건의 순서나 이유는 알려지지 않았다. 당시 고갱은 자신이 산책하기 위해 외출했을 때 반 고흐가 뒤따랐고, "손에 면도칼을 들고 나를 향해 달려왔다"고 회고했다. 이는 오직 고갱의 회상에 의존한 기록이기 때문에 일부 연구자들은 그 내용이 사실이 아닐 것이라 여긴다. 벌어진 일에 어느 정도 본인의 책임이 있다고 자각한 고갱이 그 죄책감으로 기억을 왜곡했을 것이란 주장이다.

반 고흐와 고갱의 우정이 이대로 끝이 난 것은 아니었다. 그들은 꾸준히 서신을 주고받았고, 1890년에는 고갱이 반 고흐에게 안트베르펜에 공동 스튜디오를 만들 것을 제안하기도 했다. 어쩌면 그리움으로 둔갑한 애증이 펜을 들게 한 것일지도 모른다. 노란집에서의 동거에는 행복과 불행이 공존했다. 결국 둘의 유토피아는 없었지만, 그곳에서의 생활은 훗날 두 화가의 예술적 발전을 이끈 전환점이 되었다.

XIII

마티스
색은 색 그 자체로 존재한다

영감을 기다리지 마라.
그것은 당신이 가장 몰입하고 있을 때 찾아 온다.

앙리 마티스(Henri Matisse)

오색찬란한 야수의 몸부림

　　1905년 가을, 젊은 화가들이 파리에 모였다. 합동 전시회 《살롱 도톤》을 열기 위해서였다. 전시의 화젯거리는 단연 원색의 물감 덩어리와 거센 선이 난무하는 7번 전시실의 그림들이었다. 생뚱스럽게도 전시실 중앙에는 고전주의 양식의 프랑스 조각가 알베르 마르크 Albert Marque (1872-1939)의 소년 두상이 있었다. 이 부조화를 본 비평가 루이 복셀 Louis Vauxcelles (1870-1943)은 "야수에 둘러싸인 도나텔로!"라 외치며, 낯선 회화를 '짐승'에 빗대어 표현했다. 복셀의 독설은 일간신문 《질 블라스》에 게재되었고, 그의 부정적인 논평은 주간지 《륄뤼스트라시옹》에 실리며 사회에 퍼졌다. 역설적이게도 사람들은 '야수'라는 단어에 사로잡혔다. 그들은 화폭에 만연한 야만적인 면모를 비웃으면서도, 강렬하고 단순한 그 이름에 끌렸다. 전시에서 많은 이들의 시선을 끈 작품은 앙리 마티스 Henri Matisse 의 〈모자를 쓴 여인 Woman with a Hat〉(1905)이었다. 이 문제작으로 마티스는 야수주의의 지도자로 추대되었다.

색의 해방을 이룬 화가,
앙리 마티스를 만나다
#프랑스 니스

코발트 빛 해변, 큼직한 야자수, 넉넉한 휴양객이 넘실대는 니스의 평범한 일상에 들어갔다. 프랑스 남부의 항만 도시인 니스는 14세기부터 19세기까지 프랑스와 이탈리아 사이의 끊임없는 영토 분쟁에 휘말리다가 1860년에야 비로소 프랑스에 귀속되었다. 습관처럼 구시가를 찾아 골목을 헤맸다. 노랗게 칠한 외벽과 붉은 갈색의 지붕은 19세기와 별반 다르지 않을 것 같다. 쿠르 살레야 광장에 들어섰다. 광장에는 옷과 책 따위의 생활용품을 파는 잡화점과 종이, 그릇, 액자 등 공예품을 파는 상점이 즐비하다. 흰 머리에 붉은 셔츠, 청바지를 입은 한 남성은 광장의 구석 자리에서 여러 종의 노랗고 빨간 꽃을 팔고 있다. 색채의 향연에 정신이 아득해질 때 즈음 햇살이 비쳤다. 그림자는 길어지고 색은 한층 생생해졌다. 흡사 마티스의 화폭에 스머든 느낌이다.

마티스는 1869년 프랑스 북동쪽에 있는 카토 칸브 지방에서 태어났다. 그는 성장기에 별다른 예술 활동을 하지 않았고, 파리에서 1년간 법률을 배워 재판행정담당 서기가 되었다. 그가 그림에 흥미를 보인 건 스무 살이 되던 해였다. 급성 맹장염으로 병원에 입원한 마티스에게 아마추어 화가였던 어머니가 미술 용품을 선물했는데, 이게 마티스의 창작 욕구를 깨운 것이었다. 1895년, 마티스는 에콜 데 보자르에 들어가 귀스타브 모로

Gustave Moreau (1826-1898)의 제자가 되었다. 그는 보수적 취향의 국립미술협회가 주최한 살롱에 작품 네 점을 출품하고, 소시에테 나시오날 전람회에 선보인 〈독서하는 여인Woman Reading〉(1894)을 나라에 판매하면서 조금씩 이름을 알렸다. 1905년 가을, 마티스는 파리에서 열린 《살롱 도톤》에 참여하며 야수주의의 태동을 알렸다. 파리에서 독보적인 위치에 오른 마티스는 1917년 니스에 정착하여 독자적인 화풍을 한결 발전시켰고, 1925년, 프랑스 최고의 훈장인 레지옹 도뇌르를 받았다. 작가로서 엄청난 명성을 얻은 것과는 반대로, 그의 건강은 극도로 악화되었다. 1940년 암 선고를 받고, 이듬해 십이지장암 수술을 받게 된 것이다. 침대 신세를 지게 된 마티스는 누워서 할 수 있는 종이 오리기 작업을 착수했다. 이후 1948년에는 방스에 있는 로제르 성당의 건축을 맡았고, 1950년, 베니스 비엔날레 회화 부문 대상을 수상하였다. 마티스는 명실상부 현대 미술의 거물로 예우를 받다가 1954년, 천식과 심장병으로 세상을 떠났다.

    ❝ 색채의 향연에 기분이 아득해질 때 즈음 햇살이 비쳤다.
그림자는 길어지고 색은 더욱 선명해졌다.
마치 마티스의 그림을 보는 듯하다. ❞

환희를 발산하는 힘,
〈삶의 기쁨 The Joy of Life〉

필라델피아 반즈 재단에서 〈삶의 기쁨〉을 처음 본 순간, 마치 지상 낙원을 마주한 듯 황홀한 기분에 휩싸였다. 그야말로 '삶의 기쁨'이라는 추상적인 관념이 색채와 구성만으로 드러난 그림이다. 마티스는 〈삶의 기쁨〉을 1906년 《앙데팡당》전에서 선보였지만, 모호한 주제와 문체적 일관성의 결여로 널리 비판을 받았다. 심지어 일부 비평가들은 이것이 프랑스 회화의 종말이라 비탄하기도 했다. 〈삶의 기쁨〉이 인정받은 건 그리 오래 걸리지 않았다. 1920년대 이르러 피카소의 〈아비뇽의 처녀들 The Young Ladies of Avignon 〉(1907)과 함께 초기 모더니즘의 한 축으로 여겨지게 된 것이다.

괴이한 나무와 풀이 자란 공간에 자유분방한 포즈를 취한 사람들이 어우러져 있다. 하늘과 바다, 땅의 경계가 명확하지 않고, 원근법은 더욱 신경 쓰지 않았다. 야수주의의 시작을 알렸던 〈모자를 쓴 여인〉과 같이 색상은 자연의 재현이 아닌 화가의 감정적 표현과 형식적 필요에 의해서만 구사되었다.

삶의 기쁨
캔버스에 유채. 175×241cm.
반즈 재단 미술관 (1906년).

〈삶의 기쁨〉 속 등장인물들은 인간의 본능적이고 원시적인 나체로 자연에서 노닌다. 연인은 거리낌 없이 스킨십을 하고, 한 여인은 비스듬히 누워 아울로스*를 연주한다. 어떤 이들은 어깨동무를 하고, 누군가는 몇 마리의 양 옆에서 피리를 분다. 저 멀리 황금빛 풀밭 위에서는 여러 명이 둥글게 모여 춤을 춘다. 이들 모두 각자의 방식으로 천진하게 삶을 즐기고 기뻐하는 모습이다. 그들에게 드리운 근심이나 걱정, 불안은 어디에도 없다. 그렇지만 이 작품을 보고 가슴이 들뜨는 이유는 비단 그들의 동태 때문만은 아니다.

마티스는 〈삶의 기쁨〉을 위해 16세기 르네상스의 이탈리아 화가, 아고스티노 카라치Agostino Carracci (1557-1602)의 동판화인 〈황금시대의 사랑 Love in the Golden Age〉(c. 1589-1595)을 참고하였다. 실제로 배경과 나체의 군상, 그리고 그들의 위치와 취하는 행동이 무척 유사하다. 다만 마티스는 화폭에 관능적인 색을 칠하고, 의도적으로 형태를 왜곡함으로써 카라치의 판화와는 전혀 다른 화면을 구현했다. 카라치가 풍경과 인물의 세세한 묘사에 몰두했다면, 마티스는 경쾌한 색채와 유연한 선 사용에 집중했다. 우리는 〈삶의 기쁨〉에 존재하는 순수한 회화 요소의 조화를 보며 마티스가 표현하고자 한 감흥을 느낄 수 있다.

* 그리스 신화에 등장하는 피리의 일종인 관악기

연구자들은 그림의 형식과 제작 시기를 바탕으로, 〈삶의 기쁨〉을 세잔의 〈대수욕도〉와 연관 지어 해석한다. 세잔과 마티스는 배경이 무대 역할을 하도록 구성하였다. 두 작품 모두 전면에서 후경까지 가로수가 심어져 있고, 화폭 윗면에 가지들이 드리워져 그 아래 위치한 군상의 자태를 돋보이게 한다. 또한, 마티스는 세잔처럼 자연과 인물을 통합하였다. 〈삶의 기쁨〉에서 여성의 윤곽을 시사하는 구불구불한 선은 유달리 선명하고, 이는 자연스레 나무의 곡선으로 이어진다.

원시성의 시각화, 〈댄스 Dance〉, 〈음악 Music〉

〈댄스〉는 마티스의 명작 중 하나이다. 우리나라의 강강술래를 연상시키는 이 작품은 현재 뉴욕 현대미술관에 소장되어 있는데, 그 제목이 〈댄스1〉이다. 그렇다면 〈댄스2〉는 어디에 있을까. 마티스가 1910년에 그린 〈댄스2〉는 러시아 에르미타주 미술관에 〈댄스〉라는 제목으로 전시되어 있다. 이러한 연유로 뉴욕에 있는 회화가 러시아에 전시된 그림을 위한 습작이라는 분석이 있다. 그렇지만 뛰어난 색감과 완성도는 연습이라 할 수 없을 정도로 대단히 훌륭하다.

1908년, 마티스는 러시아의 사업가이자 미술 애호가인 세르게이 슈킨 Sergei Ivanovich Shchukin (1854-1936)을 만났다. 그는 마티스에게 집을 장식할 그림을 주문했고, 화가는 〈댄스〉와 〈음악〉을 창작했다.

댄스
캔버스에 유채. 260×391cm.
에르미타주 미술관 (1909-1910년).

　〈댄스〉에는 힘찬 몸짓으로 춤을 추는 다
섯 명의 님프*가 있다. 하나의 색으로 그려
진 그들은 벌거벗은 채, 누구에게도 방해받
지 않고 자유롭게 움직이며 기쁨을 공유한
다. 팔을 올리고, 고개를 숙이거나 젖히며,
다리를 벌려 뛰는 움직임은 무한한 생명을
갈구하는 것 같기도 하다. 그들의 원초적인
율동은 관객에게 정서적 해방과 쾌락을 전달
한다. 아울러 힘껏 뻗은 두 사람의 손이 닿을
듯 말 듯 한 지점에는 마티스가 불어넣은 역
동적인 긴장감이 감돈다.

* 님프(Nymph)는 그리스 로마 신화에 나오는 자연의
　정령들로, 그 어원에서부터 결혼 적령기의 '처녀' 혹
　은 '신부'라는 뜻을 지니고 있다. 신화에 묘사된 이들
　역시 젊고 아름다운 여성의 모습이다.

〈음악〉은 활발한 〈댄스〉에 비해 정적이다. 정면을 향한 다섯 명의 사티로스*가 각자 바이올린과 플루트를 연주하거나 무릎을 감싸고 앉아 있다. 인물은 〈댄스〉와 마찬가지로 하나의 붉은 색이며, 공간 또한 파란 하늘과 초록의 풀밭이다. 캔버스에 남은 수정의 흔적을 보면 마티스가 아무런 스케치 없이 작업을 진행한 것을 알 수 있다. 그럼에도 불구하고 서로 거리를 둔 다섯 사람은 꼼꼼한 계획에 의해 의도된 것처럼 완벽한 구성을 이룬다. 꼭 그들 자체가 악보의 음표가 되어 즉흥 음악을 연주하는 것 같다. 〈댄스〉와 〈음악〉의 목적은 인간이 창의성에 몰입하여 완전한 상태에 도달하는 양상을 보여주는 것이다. 더욱이 신체의 빨강과 배경의 파랑, 녹색으로 색채가 철저히 제한된 두 작품은 춤과 음악이라는 본능적이고 순수한 행위의 아름다움을 일깨워준다.

1910년, 《살롱 도톤》에 전시된 〈댄스〉와 〈음악〉은 관람객과 평단으로부터 혹평을 받았다. 하지만 의뢰인 슈킨은 마티스에게 보낸 편지에 "대중은 당신의 반대편에 있지만 미래는 당신의 것"이라 쓰며 굳건한 믿음과 지원을 표명했다.

* 사티로스(Satyros)는 그리스 신화에 나오는 반인반수의 모습을 한 숲의 정령들이다. 디오니소스를 따르는 무리로 장난이 심하고 주색을 밝혀 늘 님프들의 꽁무니를 쫓아다닌다. 때때로 젊고 아름다운 청년으로 묘사된다.

음악
캔버스에 유채. 260×389cm.
에르미타주 미술관 (1910년).

가위로 그렸다,
책《재즈 Jazz》,〈푸른 누드 Blue Nudes〉

십이지장암 수술 후 마티스의 삶은 완전히 달라졌다. 후유증으로 죽을 때까지 휠체어를 타고 움직여야 했고, 간헐적으로 찾아오는 통증으로 이젤 앞에 서는 것은 꿈도 못 꾸었다. 그는 붓을 놓고 가위를 들었다. 침대나 안락의자에서 할 수 있는 종이 오리기 paper cut-outs 를 적극적으로 활용한 것이다. '구아슈 데쿠페 gouaches decoupes'라 불리는 그의 종이 오리기 기법은 과슈 물감을 칠한 종이를 오려 다양한 패턴을 만들고, 그것을 벽과 캔버스에 붙이는 일종의 콜라주였다.

1947년, 프랑스 예술 잡지를 출판하던 테리아 데 Tériade (1889-1983)는 마티스에게 그럴듯한 제안을 건넸다. 지금까지의 종이 작업 중 스무 점과 마티스의 작가 노트를 조합해 책을 엮자는 것이었다. 책의 제목을 정하는 데에도 꽤 오랜 시간이 걸렸다. 삽화 중 다수가 서커스에서 영감을 받은 것들이라 처음에는 '서커스'라는 제목을 붙였으나, 결국《재즈》로 결정했다. 종이를 오리는 과정과 즉흥 연주 사이의 연관성이 크다고 판단한 것이었다. 책자는 250부 한정판으로 출간되었고, 독자들로부터 호평을 받았다. 마티스는 책에 "종이 오리기 작업은 가위를 가지고 그림을 그리는 행위다. 게다가 종이를 잘라 색으로 전환하는 것은 조각가가 직접 대상을 조각하는 과정을 상기시킨다"고 서술하였다.

이카루스
콜라주. 43.4×34.1cm.
조르주 퐁피두센터 (1943-1944년경).

　《재즈》에 실린 작품 가운데 가장 유명한 것은 〈이카루스〉다. 태양에 너무 가깝게 날아 이내 땅으로 추락하는 소년 이카루스의 검은 형상은 간혹 기쁨의 춤을 추고 있는 듯이 보인다.

푸른 누드 II
콜라주. 116.2×88.9cm.
조르주 퐁피두센터 (1952년).

〈푸른 누드〉 연작은 마티스가 남긴 네 편의 동명 연작이다. 그는 본인이 만족할 결과물이 나올 때까지 몇 번의 시행착오를 거쳤다. 연작 중 첫 번째 버전인 〈푸른 누드 IV〉를 제작할 때는 2주 동안 종이를 자르고 배열하는 작업만 했다고 전해진다. 마티스는 몇 번의 가위질로 금방 모양을 낸 것이 아니라 치밀하게 계산된 공간적 감각을 캔버스 위에 드러냈다.

인물의 생김새는 극도로 단조롭다. 그러나 조각처럼 입체적이고, 동시에 평면적이고 장식적이다. 마티스는 관습적인 재현 방식을 버리고, 추상화처럼 평면적이지만 형체를 포기하지 않은 과도기적 양태를 추구했다. 〈푸른 누드〉는 꽤 효과적으로 구상과 비구상의 경계를 넘나든다. 파란색으로 제한한 색은 화면에 간결미를 더하는데, 이는 마티스에게 거리와 부피를 의미한 색상이었다. 〈푸른 누드〉의 주인공이 여성이라는 사실은 머리 아래 형상화한 가슴으로 알 수 있지만, 그의 과거작으로도 유추할 수 있다. '푸른 누드'는 마티스가 1907년에 유화로 그린 야수주의 전성기의 대표작 제목과 같다. 유화로 그려진 여성은 〈푸른 누드〉와 같이 한 손을 머리에 올리고 두 다리를 구부리고 있다.

수십 년 동안 선과 색채를 통일할 방법을 모색했던 마티스에게 종이 오리기는 하나의 해결책이 되었다. 색 자체가 된 종이를 자르고 붙이며 직관적 표현을 구사할 수 있었던 것이다. 건강상의 이유로 부득이하게 촉발된 방식이었지만, 마티스는 종이 작업으로 훨씬 더 높은 미적 완성도를 성취할 수 있었다고 회고했다. 종이 오리기를 통해 진정한 자유와 해방된 자아를 느꼈다고 밝힌 마티스의 말마따나 〈푸른 누드〉에 그의 초월적인 움직임이 드러나는 것 같다.

태양에 닮은
색채의 마술사

앙리 마티스는 60여 년의 창작 기간 동안 형태를 단순화하고 평면성을 강조하면서 독특한 화풍을 만들었다. 특히 그에게 '색채'는 감정과 경험 그 자체였다. '색을 해방시킨 화가'라는 별칭에 걸맞게, 마티스는 본래 사물이 가지고 있는 색과 스스로 느낀 감정의 색을 분리한 최초의 예술가였다. 그의 라이벌 피카소 역시 "마티스는 뱃속에 태양을 품고 있다"라는 표현으로 마티스의 뛰어난 색채 감각을 인정했다.

천연색의 바다와 하늘이 맞닿은 니스에서는 마냥 느긋해졌다. 종이 지도를 펼쳐 들고, 매일매일 가고 싶은 곳을 정해 즉흥적으로 움직였다. 괜히 니스에서는 그래야 할 것도 같았다. 어느 날은 니스와 지중해를 한 번에 바라볼 수 있는 캐슬 힐에 올랐고, 어느 하루는 산책로 건너편에 있는 작은 바에서 한참을 머물렀다. 특별한 목적지 없이 그저 색 바랜 건물이 비좁게 솟은 니스의 구시가지를 걸을 때도 있었다. 자갈이 깔린 해변에서 파도 소리를 들었고, 시에스타를 즐기는 외국인인 양 누워도 봤다가 금세 일어나 흰 가루를 털었다. 그렇게 니스를 온몸으로 감응하며 며칠을 보냈다. 니스에는 자유로움과 여유, 느긋함과 섬세함, 밝은 생명력과 에너지, 그리고 사랑에 대한 가치가 충만했다. 이곳에 머물며 창작했던 마티스가 자신의 그림이 '봄날의 밝은 즐거움을 담고 있었으면' 하고 바랐던 마음을 어느 정도 이해할 것도 같았다.

"제가 꿈꾸는 것은 골치 아프거나 우울한 소재가 없는, 균형, 순수함, 평온함의 예술입니다. 모든 정신적인 노동자와 사업가, 문학가를 위한 예술이 될 수 있죠. 예를 들어, 마음을 진정시키는 효과가 있는 미술이며, 육체적인 피로를 풀게 해주는 편안한 안락의자와 같은 예술 말입니다."

- 마티스, 《Matisse on Art》中

마티스의 입체주의

얼핏 이름을 잘못 본 건가 싶었다. 〈피아노 레슨 The Piano Lesson〉, 앙리 마티스, 1916년 제작. 지금껏 보아온 그의 화풍이 아닌데, 작품 설명란에 분명히 마티스의 이름이 쓰여 있다. 사실 아주 잠깐이었지만, 마티스의 화풍은 제1차 세계대전을 기점으로 입체주의적인 특성을 보였다.

화폭 안에서 피아노 연주에 집중하는 어린 소년은 마티스의 맏아들 피에르 Pierre 로 알려져 있다. 소년의 뒤에는 높은 의자에 앉은 여인이 흡사 공중부양하는 것처럼 떠 있고, 왼쪽 아래에는 마티스의 조각인 〈장식적인 인물 Decorative Figure〉(1908)이 그려졌다. 피아노 위에는 타오르는 촛불과 메트로놈이 놓여있는데, 이 소재들은 빛과 시간의 침식 효과를 암시한다. 그림에는 특정한 시간이 담겨있다. 바로 어두웠던 실내에 갑자기 불이 켜진 순간이다. 마티스는 소년의 얼굴에 드리운 세모꼴의 그림자와 빛에 의해 만들어진 정원의 녹색 삼각형을 통해 찰나의 변화를 표현하였다.

마티스의 회화에 입체주의 바람이 불게 된 데는 피카소의 영향이 컸다. 1906년 4월경, 미국의 여성 시인 거트루드 스타인Gertrude Stein (1874-1946)의 모임에 간 마티스는 그곳에서 피카소를 처음 만났다. 두 사람은 11년이나 되는 나이 차이에도 불구하고 자주 어울렸고, 각자의 작품을 교환하며 친구가 되었다. 때로는 전혀 다른 화풍으로 인해 마티스의 '색채'와 피카소의 '형태'가 마치 대결 구도처럼 비치기도 했다. 마티스 그림 속 입체주의적인 특징은 그가 1917년 니스에 정착하면서 완전히 사라졌다. 이후 마티스와 피카소의 양극화된 화풍은 두 사람을 동료이자 경쟁자로, 벗이자 적으로 각인시켰다. 당시 피카소를 아방가르드 화가로 여겼던 사회적 분위기로 인해 마티스는 '프랑스적인 부르주아 화가'라는 별칭을 얻기도 하였다. 피카소에 비해 사생활을 노출하지 않고 조용히 살던 마티스의 개인적인 성향도 이 별명에 한몫했다. 게다가 피카소의 입체주의는 지적이고 복잡하며 비판적이라는 인상을 준 반면, 마티스의 야수주의는 장식성과 평면성, 단순성으로 다소 쉽고 인위적이라는 평가를 받았다. 그러나 이러한 비평에는 마티스를 단순히 시각적 유희를 추구한 화가라 칭하는 한계가 있었다.

마티스와 피카소의 관계는 19세기 프랑스 화단의 라이벌이었던 앵그르와 들라크루아 사이를 연상시킨다. 그들이 신고전주의와 낭만주의의 대립을 통해 회화에서 중요한 것이 이성인지 감성인지를 논했다면, 마티

스와 피카소는 색과 형태라는 형식적인 틀에서 벗어나기 위해 각기 야수적이고 입체적인 작품을 창작했다.

    다 빈치와 미켈란젤로, 앵그르와 들라크루아, 그리고 마티스와 피카소. 미술사에서의 라이벌 경쟁은 언제나 후대 예술가들에게 신선한 자극을 주며 새로운 화풍을 불러일으켰다. 그들은 서로를 짓밟는 관계라기보다는 상호 영향을 주고받으며 시너지를 내는 사이에 더 가까웠다. 마티스와 피카소 역시 시간이 지날수록 경쟁자에서 동반자의 연으로 발전했다. 두 화가는 상대의 예술을 인정하고 존중했다. 영원한 적수이자 친구였던 그들은 모더니즘 페인팅의 발전에 중요한 기여를 하며 20세기 현대미술의 시작을 알렸다.

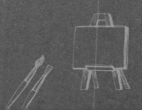

사적인 명화들

그림 속 숨겨진 이야기를 찾아서

2022년 1월 초판 1쇄
2023년 9월 초판 3쇄

지은이 이진이

기획 최현경
디자인 강소연, 이일지
펴낸곳 (주)넷마루

주소 08380 서울시 구로구 디지털로33길 27, 삼성IT밸리 806호
전화 02-597-2342 **이메일** contents@netmaru.net
출판등록 제 25100-2018-000009호

ISBN 979-11-972099-3-2 (03600)